꼭 필요한 영어회화
베스트 표현 1200
⟨상황회화 편⟩

꼭 필요한 영어회화
베스트 표현 1200 〈상황회화 편〉

2016년 3월 7일 1판 14쇄 인쇄
2016년 3월 14일 1판 14쇄 발행

지은이 | 김대운
펴낸이 | 김남일
펴낸곳 | **TOMATO**
등록번호 | 제6-0622호
주소 | 서울특별시 동대문구 답십리로38길 56 월드시티빌딩 501호
전화 | 0502-600-4925
팩스 | 0502-600-4924

ⓒ 김대운 2015
이 책 내용과 음성파일의 저작권은 저자에게 있습니다.
서면에 의한 저자와 출판사의 허락없이 내용의 일부 또는
전부를 인용하거나 발췌하는 것은 금지되어 있습니다.

ISBN 978-89-91068-52-0
파본은 교환해 드립니다(정가는 표지에 있습니다).

토마토출판사 홈페이지(www.tomatobooks.co.kr)

꼭! 필요한 영어회화 베스트 표현 1200

상황회화편

머리말

해외로 나가는 한국인의 수가 매년 증가하고 그에 따라 외국인과의 교류도 많아지고 있습니다. 여행, 비즈니스, 유학 등 목적은 달라도 외국을 방문하고 외국인과 접촉하는 것은 누구에게나 신선하고 인상적인 경험일 것입니다.

우리와는 다른 문화적 배경 속에 살아온 사람들의 문화를 이해하고 그들과 소통하기 위해선 먼저 짧은 대화라도 시도해 보는 노력이 필요합니다. 이 책은 그러한 노력에 조금이나마 도움이 될 수 있도록 구성한 것으로 기본적인 영어표현을 쉽게 배울 수 있도록 『Part 1: 기본 다지기; 자주 쓰는 회화 패턴 88』『Part 2: 실전활용; 상황별 영어회화 표현』의 두 부분으로 구성했습니다.

Part 1: 기본 다지기; 자주 쓰는 회화 패턴 88

일상회화를 분석해서 가장 사용빈도가 높은 영어표현 88개를 선정해서 각 표현이 어떤 패턴을 갖고 있고 그 의미가 무엇이고 어떻게 쓰이는지 익힐 수 있도록 구성한 것입니다. 각 표현마다 자연스런 대화 형식의 예문을 수록해서 독자 스스로 연습하고 활용해 볼 수 있게 했습니다.

Part 1에 수록된 88개의 표현을 배우고 나면 Part 2에 수록된 회화표현을 쉽게 이해할 수 있을 뿐만 아니라 일상적인 영어회화의 내용을 이해하는데도 별 어려움이 없을 것입니다.

Part 2: 실전활용; 상황별 영어회화 표현

외국을 방문할 때의 상황을 예상해서 여행자가 자주 접하게 되는 9가지 상황을 순서적으로 구성한 것입니다. 하나의 Chapter는 다시 다양한 세부 상황으로 나누어 각 상황에서 자주 쓰이는 회화 표현을 수록했습니다.

또한 각 Chapter 뒤에 그 Chapter에 나온 표현을 그대로 이용하거나 응용한 대화를 만들어 현장에서 원어민과 대화하는 기분으로 영어표현을 연습해 볼 수 있도록 구성했습니다.

이 책이 독자 여러분의 해외방문 시 외국인을 만나 소통하는데 조금이나마 도움이 될 수 있기를 기대합니다.

머리말
이 책의 구성

PART 1 기본다지기; 자주 쓰는 회화패턴 88

PATTERN

1. 자기소개; **My name is ~.** 20
2. 소개할 때; **This is ~.** 20
3. 처음 만났을 때의 인사; **How do you do?** 21
4. 일상의 인사; **Hi!** 21
5. 건강을 묻는 인사; **How are you?** 22
6. '잘 지낸다'고 대답할 때; **Fine(Very well)(, thank you).** 22
7. 헤어질 때의 인사; **Goodbye(, then).** 23
8. 주의를 끌 때; **Excuse me!** 23
9. 대답을 재촉할 때; **~ isn't it?** 24
10. 잠깐 자리를 뜰 때; **Excuse me.** 24
11. 물을 때; **Could you tell me ~?** 25
12. 발음·철자를 물을 때; **How do you pronounce(spell) ~?** .. 25
13. 단어의 의미를 물을 때; **What does ~ mean?** 26
14. 표현이 맞는지 물을 때;
    Is it correct(appropriate) to say ~? 26
15. 다시 물을 때; **Pardon?** 27
16. 알아 듣게 말해 달라고 할 때;
    Please speak more slowly(louder). 27
17. 요청할 때 1; **Could you ~, please?** 28
18. 요청할 때 2; **Would you ~, please?** 28
19. 요청할 때 3; **Won't you ~, please?** 29
20. 청을 들어줄 때; **Certainly.** 29
21. 청을 거절할 때; **I'm sorry, (but) I can't.** 30

PATTERN

22. 허락을 청할 때 1; Can I ~? 30
23. 허락을 청할 때 2; May I ~? 31
24. 승낙할 때; Sure. Go ahead. 31
25. 승낙하지 않을 때; I'm afraid you can't ~. 32
26. 가능한 지 물을 때; Can you ~? 32
27. 가능하다고 할 때; I can ~. 33
28. 불가능하다고 할 때; I can't ~. 33
29. 권유할 때; Would you like to ~? 34
30. 제안할 때; Shall we ~? 34
31. 권유에 응할 때; Thank you, I'd like to very much. 35
32. 권유를 거절할 때; Thank you very much, but ~. 35
33. 사물을 권할 때; Will you have ~? 36
34. 권유에 응할 때; Thank you. 36
35. 사양할 때; No, thank you. 37
36. 원하는 것·희망을 말할 때; I'd like ~. 37
37. 선물을 줄 때; I'd like to give you ~. 38
38. 확실한지 물을 때; Are you sure ~? 38
39. 확실하다고 할 때; I'm sure ~. 39
40. 맞는지 확인할 때; Is ~ right? 39
41. 이해를 확인할 때; Do you mean ~? 40
42. 상대가 이해했는지 확인할 때; Do you see what I mean? 40
43. 기억을 확인할 때; Do you remember ~? 41
44. 의지를 말할 때; I'm(I'm not) going to ~. 41

PATTERN

45. 기대할 때; I'm looking forward to ~. — 42
46. 긍정적인 예상을 할 때; (Probably) ~ is going to ... — 42
47. 부정적인 예상을 할 때; I don't think ~. — 43
48. 이유를 말할 때; Because ~ — 43
49. 조언을 부탁할 때; Do you think I should ~? — 44
50. 하라고 조언할 때; I think you should ~. — 44
51. 하지 말라고 조언할 때; I don't think you should ~. — 45
52. 의무를 알려 줄 때; I think you have to ~. — 45
53. 좋아하는지 물을 때; Do you like ~?(~좋아하세요?) — 46
54. 좋아하는 것을 말할 때; I like(love) ~. — 46
55. 싫어하는 것을 말할 때; (I'm afraid) I don't like ~. — 47
56. 느낌을 물을 때; Did you like ~? — 47
57. 흥미·관심을 말할 때; I'm interested in ~. — 48
58. 관심 없다고 할 때; I don't find ~ very interesting. — 48
59. 하고 싶지 않다고 할 때; I don't really want to ~. — 49
60. 도와준다고 할 때; Can I help you? — 49
61. 방법을 알려 줄 때; First you ~, then you ... — 50
62. 만족을 나타낼 때; I'm very pleased with ~. — 50
63. 불만을 말할 때; I'm very annoyed ~. — 51
64. 불평할 때; I want to complain about ~. — 51
65. 실망했을 때; I'm disappointed ~. — 52
66. 의견을 물을 때; What do you think about ~? — 52
67. 의견을 말할 때; I think ~. — 53
68. 의견이 없다고 할 때; I really don't have any opinion. — 53
69. 의견을 말하고 싶지 않을 때;
    I'd rather not say anything about ~. — 54
70. 동의하는지 물을 때; Do you agree? — 54

PATTERN

71.	동의한다고 할 때; I agree with ~.	55
72.	반대할 때; I don't agree with ~.	55
73.	화제를 바꿀 때; To change the subject, ~	56
74.	대화 중 끼어들 때; Sorry to interrupt you, but ~	56
75.	말이 막혔을 때; Er, let me see ~	57
76.	맞장구 할 때; Really!	57
77.	대화를 끝낼 때; I'm afraid I must go now.	58
78.	감사할 때; Thank you.	58
79.	감사의 인사에 대답할 때; Not at all.	59
80.	칭찬할 때; What (a) ~ !	59
81.	격려할 때; Well done! (Now ~)	60
82.	축하할 때; Congratulations!	60
83.	사과할 때; I'm sorry.	61
84.	사과를 받아줄 때; That's quite all right.	61
85.	걱정을 말할 때; I'm worried about ~.	62
86.	동정할 때; I'm sorry to hear ~.	62
87.	놀랐을 때; That's very surprising.	63
88.	주의·경고할 때; Look(Watch) out!	63

실전활용; 상황별 영어회화표현

CHAPTER 1
기내·도착

01.	좌석 찾기	68
02.	음료·식사 서비스	70
03.	기내 표현	72
04.	비행기 갈아타기	74
05.	기내에서의 문제	76
06.	입국심사·수하물 찾기	78
07.	세관검사·환전	80
08.	수하물 분실	82
09.	최종 목적지로 이동	84
10.	마중·배웅	86

Let's Talk!
좌석을 찾을 때 / 좌석에 앉을 때 / 이륙할 때 / 음료 서비스 /
식사 서비스 / 도착시간을 물을 때 / 기내에서의 문제 /
비행기를 갈아탈 때 / 입국심사 받을 때 / 수하물 찾을 때 /
세관검사 받을 때 / 환전할 때 / 수하물이 분실되었을 때 /
교통편을 물을 때 / 택시를 합승할 때 / 공항버스 표 살 때 /
공항버스 탈 때 / 마중 나온 사람을 만날 때 / 배웅할 때

CHAPTER 2
숙박

01.	호텔 찾기	98
02.	체크인(예약 했을 때, 예약 안 했을 때)	100
03.	체크인 때의 문제·짐 옮기기	102
04.	모닝콜·룸서비스	104
05.	귀중품 맡기기·세탁 서비스	106
06.	호텔시설 이용	108
07.	미용실	110
08.	헤어스타일 주문	112

09. 이발소 ·········· 114
10. 호텔에서의 문제 ·········· 116
11. 체크아웃 ·········· 118

Let's Talk!
호텔을 찾을 때 / 체크인 할 때(예약한 후에) / 체크인 할 때(예약 없이)
체크인 할 때의 문제 / 좌석에 앉을 때 / 모닝콜을 부탁할 때
룸서비스를 부탁할 때 / 귀중품을 맡길 때 / 세탁 서비스를 이용할 때
호텔시설을 이용할 때 / 미용실을 예약할 때 / 미용실에서
헤어스타일을 주문할 때 / 이발소에서 / 호텔에서의 문제 / 체크아웃 할 때

CHAPTER 3
식사

01. 식당 예약·예약 취소 ·········· 130
02. 식당 입구에서 ·········· 132
03. 식사 주문 ·········· 134
04. 식사 중에 ·········· 136
05. 디저트 주문 ·········· 138
06. 계산 ·········· 140
07. 패스트푸드점 ·········· 142
08. 커피숍·주점 ·········· 144

Let's Talk!
식당을 예약할 때 / 식당 예약을 취소할 때 / 식당 입구에서
자리에 안내 받을 때 / 음식을 주문할 때 / 식사 중에 /
디저트를 주문할 때 / 계산할 때 / 햄버거 가게에서 / 커피숍에서 / 바에서

CHAPTER 4
교통

01. 교통편 묻기 154
02. 택시 156
03. 시내버스·셔틀버스 158
04. 지하철 160
05. 비행기 예약·열차 예약 162
06. 장거리버스 164
07. 렌터카 166
08. 운전 중에·자동차 반납 168

Let's Talk!

시내 교통편을 물을 때 / 시간표·요금을 물을 때 / 택시를 이용할 때
택시 요금 문제 / 시내버스를 이용할 때 / 셔틀버스를 이용할 때
지하철을 이용할 때 / 열차를 예약할 때 / 비행기를 예약할 때
비행기 예약을 재확인할 때 / 장거리버스를 이용할 때 / 자동차를 고를 때
자동차 보험을 들 때 / 개인 정보를 줄 때 / 자동차를 반납할 때

CHAPTER 5
통신

01. 전화 걸기·전화 받기 180
02. 호텔 전화·전화 빌려 쓰기 182
03. 잘못 걸린 전화·부재중 전화 184
04. 국제전화·컬렉트콜 186
05. 우표와 엽서 사기 188
06. 편지 부치기 190
07. 소포 부치기 192

Let's Talk!

시내전화를 걸 때 / 호텔 전화를 이용할 때 / 전화를 빌려 쓸 때
컬렉트콜 / 시외전화를 걸 때 / 상대방이 부재중일 때
우표나 엽서를 살 때 / 편지를 부칠 때 / 빠른 우편을 이용할 때
소포를 부칠 때 / 책을 부칠 때

CHAPTER 6
관광

01. 관광안내소에서 — 202
02. 길 묻기 — 204
03. 관광 예약 — 206
04. 관광 중에 — 208
05. 연극 — 210
06. 영화 — 212
07. 박물관 — 214

Let's Talk!
관광안내소에서 / 관광정보를 얻을 때 / 길을 물을 때 / 거리에서
길을 찾을 때 / 관광 예약을 할 때 / 가이드와의 대화 / 관광 중에
사진촬영을 부탁할 때 / 화장실을 찾을 때 / 연극 정보를 얻을 때
표를 살 때 / 영화 정보를 얻을 때 / 영화관에서 / 박물관에서 /
소지품을 맡길 때

CHAPTER 7
쇼핑

01. 상점 찾기 — 226
02. 상점에서 — 228
03. 물건 고를 때 1 — 230
04. 물건 고를 때 2 — 232
05. 계산·배송 — 234
06. 교환·환불 — 236

Let's Talk!
둘러볼 때 / 백화점에서 / 기념품점에서 / 보석 가게에서
여성복 가게에서 / 계산할 때 / 교환할 때

CHAPTER 8
사교

01. 계획 세우기	244
02. 초대	246
03. 방문	248
04. 파티	250
05. 저녁식사	252
06. 식사 후·작별인사	254
07. 스포츠	256

Let's Talk!
약속할 때 1 / 약속할 때 2 / 초대를 수락할 때 / 초대를 거절할 때
현관에서 / 거실에서 / 식탁에서 / 식사 후에 / 파티에서 /
작별인사를 할 때 / 코트를 예약할 때 / 경기를 관전할 때

CHAPTER 9
긴급 상황

01. 분실 ……………………………………… 266
02. 도난 ……………………………………… 268
03. 재발행 받기 ……………………………… 270
04. 병과 부상 1 ……………………………… 272
05. 병과 부상 2 ……………………………… 274
06. 병원 접수창구에서 ……………………… 276
07. 증상 설명 ………………………………… 278
08. 약국 ……………………………………… 280

Let's Talk!
호텔에서 물건을 분실했을 때 / 상점에 소지품을 두고 나왔을 때
분실물취급소에서 / 경찰서에서 / 신용카드를 재발급 받을 때
호텔에서 몸이 안 좋을 때 / 부상을 당했을 때 / 치과를 예약할 때
병원에서 / 증상을 설명할 때 / 치료를 상담할 때 / 약국에서

이 책의 구성

PART 1
기본다지기   자주 쓰는 회화패턴 88

기본패턴
회화에서 가장 사용 빈도가 높은
표현패턴 88개를 수록.

발음
해당 표현의 중심 단어에 대한
발음 요령 해설.

패턴해설
표현의 쓰임과 기능을 해설.

회화 예문
표현을 이용한 실제 회화 예를
대화 형식으로 수록.

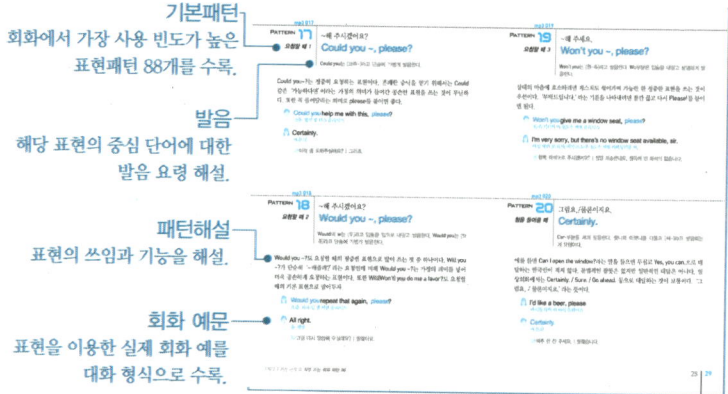

PART 2
실전활용 — 상황별 영어회화표현

장면 제목
외국을 방문할 때 만나게 되는 상황을 예상해서 각 장을 세부 장면으로 나누어 구성.

회화 표현
해당 장면에서 유용하게 쓸 수 있는 회화표현 15개 정도를 우리말 발음과 함께 수록.

Let's Talk!
각 Chapter 뒤에 회화를 연습해 볼 수 있는 Let's Talk! 수록.

장면 제목
외국 방문 시 만나게 되는 장면을 예상한 다양한 장면 수록.

회화 연습
앞에서 배운 표현을 활용해서 실제 상황처럼 회화를 연습해 볼 수 있도록 구성.

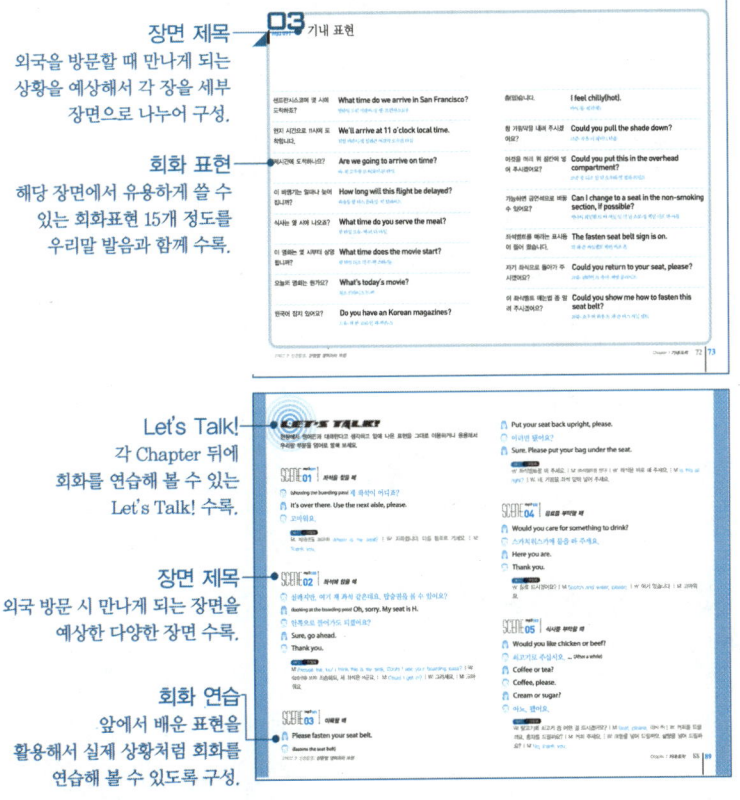

PART

1

기본 다지기

자주 쓰는
회화 패턴 88

PATTERN 01
자기소개

저는 ~입니다.
My name is ~.

My name is는 My **NA-ME's**처럼 name을 세게 발음하는 게 보통이지만 자기소개를 할 때 '나의'를 강조할 때는 My를 세게 발음한다.

자신을 소개할 때는 My name is ~ / I'm ~형식이 쓰인다. 젊은이들 사이에서는 first name만 말할 때가 많지만 I'm John, John William.처럼 first name 뒤에 full name을 이어서 말하기도 한다.

🧑‍🦰 Excuse me, haven't we met before? My name is Lisa Morgan.
익스큐-즈 미 해븐 위 멧 비풔-   마이 네임 이즈 리-자 모-건

👦 Yes, I remember you.
예스 아이 뤼멤버- 유

》》》 실례지만 전에 본 적이 있지 않나요? 전 리사 모건이에요. | 네, 기억나요.

PATTERN 02
소개할 때

이쪽은 ~입니다.
This is ~.

This is는 [디-시즈]라고 단숨에 발음하고 이름은 분명하게 세게 발음한다.

파티나 회의에서 서로 처음 보는 사람이 있을 때는 알고 있는 사람이 두 사람을 소개하는 것이 보통이다. This is ~라고 소개하는 방법이 가장 무난하지만 이름만 말하며 소개할 때도 많다.

👦 Ted, this is my friend Mona, Mona, this is Ted.
테드 디-시즈 마이 프렌- 모나 모나 디-시즈 테드

🧑‍🦰 Hi, Ted.
하이 테드

👦 Hi, Mona.
하이 모나

》》》 테드, 내 친구 모나, 이쪽은 테드. | 안녕, 테드. | 안녕, 모나.

PART 1 기본 다지기; 자주 쓰는 회화 패턴 88

PATTERN 03
처음 만났을 때의 인사

처음 뵙겠습니다.
How do you do?

한 단어 한 단어 끊어 발음하지 말고 [하우쥬-두]라고 발음하는 것이 요령이다.

우리말도 '처음 뵙겠습니다.'라고 말한 뒤에 자기소개를 하거나 '앞으로 잘 부탁드립니다.'라고 하지만 영어도 How do you do? 뒤에 자신의 이름을 알려 주거나 '만나서 기쁩니다.'라는 뜻으로 (It's) Nice to meet you. / (I'm) Pleased to meet you. 등으로 인사한다.

🙎 **Have you met each other?**
해-뷰 멧 이-취 아더-

🙍 **No, I don't think so. How do you do? My name is Shawn Kite.**
노우 아이 도운 씽 쏘우   하우 쥬-두   마이 네임 이즈 숀 카이트

>>> 두 사람 만난 적이 있어요? | 없는 것 같아요. 안녕하세요? 제 이름은 숀 카이트라고 합니다.

PATTERN 04
일상의 인사

안녕!
Hi!

발음 보다는 말투가 중요하다. 싱긋 미소 지으며 상대의 눈을 보고 크게 [하-이]라고 길게 말한다.

서양에서는 서로 모르는 사람들도 가벼운 인사를 나눈다. 예를 들면 엘리베이터에 탈 때 먼저 타고 있는 사람에게 Hi!라고 인사하거나 싱긋 미소 지으며 들어간다. 또한 한손을 들고 Hi!라고 인사할 때도 있다. 오랫동안 만나지 못했던 사람에게만 쓰는 인사 표현으로 Long time no see.도 알아 두자.

🙍 **Hi, Chris. How're you doing?**
하-이 크리스   하아- 유 두잉

🙎 **Hi, Mr. Brown.**
하-이 미스터- 브롸운

>>> 안녕, 크리스. 어떻게 지내세요? | 안녕하세요, 브라운 씨.

PATTERN 05
건강을 묻는 인사

건강하시죠?

How are you?

보통 How **ARE** you?라고 묻고, Fine. How are **YOU**?라고 대답한다. 대문자 부분을 세게 발음한다.

건강을 묻는 일반적인 인사 표현이 How are you?인데 How are you doing?도 자주 쓰인다. 안면이 있는 사람에게는 How are you, Mr. Brown?처럼 상대의 이름을 붙이는 것이 보통이다. 가벼운 인사로 사용될 때가 많으므로 꼭 I'm fine, thank you.라고 대답할 필요는 없다.

🙋 **Hi, Bob. How are you?**
하이 밥   하우 아- 유

🙆 **Just fine, thanks.**
져스트 파인 땡스

>>> 밥, 건강은 어때? | 좋아.

PATTERN 06
'잘 지낸다'고 대답할 때

(덕분에) (아주) 잘 지냅니다.

Fine (Very well)(, thank you).

fine의 f 발음과 very의 v 발음에 주의한다. v는 윗니를 아래 입술에 가볍게 대고 소리를 내어 [브]라고 발음하는 게 요령이다. f도 같은 방법이지만 소리를 내지 않고 발음한다.

How are you? / How are you doing?에 대한 대답은 I'm fine, thank you. And you? 형식도 있지만 상황에 따라 다른 대답도 알아두자. 미국 영어에서는 I'm fine, thank you. 뒤에 And you?가 아니라 How are YOU?라고 하는 것이 보통이다.

🙆 **Hi. Jessica. How're you doing?**
하이 제시커   하우 아- 유 두잉

🙋 **Fine. How are you?**
파인   하우 아- 유

>>> 안녕, 제시카. 잘 지내지? | 잘 지내. 너는?

PATTERN 07
헤어질 때의 인사

(그럼) 안녕히 가세요(계세요).
Goodbye(, then).

[굿]으로 발음하면서 혀끝을 윗잇몸 뒤에 붙인 채로 숨을 멈추고 [바이]를 덧붙인다. 따라서 순간적으로 숨이 막힌 것 같은 느낌이 된다.

헤어질 때의 인사는 형식만 틀리지 않으면 원칙적으로 어느 표현이든 쓸 수 있지만 상황에 따라 몇 개를 구별해서 사용하도록 해보자. Goodbye.는 원래 God be with you.(하느님이 당신과 함께 하기를.)이라는 기원에서 온 인사 표현이다.

🙂 See you at school tomorrow, Jim. Goodbye!
씨- 유 앳 스쿠울 트머-뤄우 짐   굿 바이

🙂 Okay. See you, Kathy.
오우케이 씨- 유 캐-띠

〉〉〉 짐, 내일 학교에서 보자. 잘 가! | 그래. 잘 가, 케시.

PATTERN 08
주의를 끌 때

저, 실례지만.
Excuse me!

Excuse me.는 -CUSE 부분을 세게, 다른 부분은 아주 약하게 발음해서 [익스큐-즈미] 또는 [스큐-즈미]처럼 말한다.

주의를 끌 때는 Excuse me!로 상대의 주의를 자기 쪽으로 돌리고 나서 용건을 꺼낸다. 모르는 사람이거나 손윗사람이어서 공손하게 말을 걸고 싶을 때는 sir(남성일 때), ma'am(여성일 때)을 붙이는 것도 좋다.

🙂 Excuse me. Is this seat taken?
익스큐-즈 미   이즈 디스 씨잇 테이큰

🙂 No, it isn't.
노우 잇 이즌트

〉〉〉 실례지만 여기 빈자리인가요? | 네.

PATTERN 09
대답을 재촉할 때

~이지 않아요?

~ isn't it?

발음은 [이즌트잇]처럼 단숨에 빠르게 말하는 게 요령이다.

대화의 실마리를 만들기 위해선 날씨나 상대와 대화할 수 있는 공통의 화제를 꺼내는 것이 좋다. 문장 끝에 isn't it? 또는 don't you think? 등의 동의를 구하는 표현으로 하면 대답을 끌어낼 수 있다. John, I'm happy(sorry) to tell you...(존, 좋은(나쁜) 소식이 있어…)라고 대화를 시작할 수도 있다.

🧑 **It's really hot day today, isn't it?**
이츠 뤼-얼리 핫 데이 트데이 이즌트잇

👩 **Yeah, it's scorching hot.**
예 이츠 스코-췽 핫

〉〉〉 오늘 정말 덥지 않아? | 그래, 불볕더위야.

PATTERN 10
잠깐 자리를 뜰 때

잠깐 실례하겠습니다.

Excuse me.

exCUSE me[익스큐-즈미]라고 -cuse 부분을 약간 길고 세게 발음한다.

대화 중에 다른 용무로 잠깐 자리를 뜰 때는 보통 Excuse me (for a second).라고 하고 일어선다. I have to go.라고 하고 그냥 가버리는 것은 실례이므로 상대를 배려해서 이유 등을 첨가할 필요가 있다.

👩 **Excuse me. I'll be right back.**
익스큐-즈 미   아일 비 롸잇 백

🧑 **Yes, sure.**
예스 슈어-

〉〉〉 죄송해요. 금방 돌아올 게요. | 네, 그러세요.

PATTERN 11
물을 때

~을 알려 줄 수 있어요?
Could you tell me ~?

Could you는 [크쥬]라고 단숨에 발음한다.

아는 사람에게는 바로 용건을 말해도 상관없지만 모르는 사람에게 갑자기 What time is it?이라고 묻는 것은 예의가 아니다. 이럴 때는 Excuse me. 등으로 상대의 주의를 끈 뒤에 Could you tell me what time it is?라고 묻는 게 좋다.

- **Excuse me. Could you tell me the way to the station?**
  익스큐즈 미   크쥬 텔미 더 웨이 트 더 스테이션

- **Of course.**
  오브 코-스

>>> 실례합니다. 역으로 가는 길을 가르쳐 주시겠어요? | 그럼요.

PATTERN 12
발음 철자를 물을 때

~은 어떻게 발음합니까(철자가 어떻게 됩니까)?
How do you pronounce(spell) ~?

핵심은 동사 pronounce의 발음이다. proNOUnce[프뤄나운스]처럼 -nou- 부분을 세게 발음한다.

영어의 [l]과 [r], [θ], [ð], [j]는 한국인이 발음하기 어렵다. 발음이나 철자를 물을 때는 위와 같은 표현을 이용해서 그 자리에서 확인해 보자.

- **How do you spell "scene"?**
  하우 드유 스펠 씨인

- **S, C, E, N, E.**
  에스 씨- 이 엔 이

>>> 'scene'은 어떻게 쓰나요? | S, C, E, N, E라고 쓰지요.

PATTERN 13
단어의 의미를 물을 때

~가 무슨 뜻입니까?
What does ~ mean?

What does는 [왓더즈]라고 단숨에 세게 발음하고, 뒤에 오는 의미를 확인하는 단어도 분명하게 발음한다.

의미를 모르는 단어가 나오면 위와 같은 표현을 써서 그 자리에서 물어보자. 특정한 한국어에 해당하는 이런저런 영어 표현을 물어봄으로써 잘못된 어법이나 어휘를 고칠 수도 있다. 특히 업무상 만났을 때는 모르는 단어는 확실하게 확인해 둘 필요가 있다.

🔵 What does "for free" mean?
왓더즈 포- 프뤼- 미인

🔴 It means you don't have to pay the charge.
잇 미인즈 유 도운햅트 페이 더 촤-쥐

》》》 'for free'가 무슨 뜻이죠? | 요금을 내지 않으셔도 된다는 뜻입니다.

PATTERN 14
표현이 맞는지 물을 때

~가 맞는 표현입니까(적절한 표현입니까)?
Is it correct(appropriate) to say ~?

Is it / corRECT(apPROPRiate) / to say / ...로 끊어서 발음한다.

'이 표현이 맞나?' '손윗사람에게 이런 표현을 쓸 수 있을까?' 하고 의문 나는 게 있을 때는 위와 같은 표현을 사용해서 확인해 볼 수 있다. 그런데 이런 질문만으로는 대화가 원활하게 진행되지 않으니까 대화 중 적절할 때 묻는 게 좋다.

🔴 Is it appropriate to say "What's up?" to a stranger?
이짓 어프뤼프뤼에잇 트 쎄이 와츠 업 트 어 스츄뤠인줘-

🔵 No, absolutely not.
노우 앱-쏠루-틀리 낫

》》》 모르는 사람에게 'What's up?'이라고 하는 게 적절합니까? | 아뇨, 절대 안 돼요.

PATTERN 15
다시 물을 때

뭐라고요?
Pardon?

PARdon이라고 par- 부분을 세게 발음하고 말끝을 올린다.

말을 알아듣지 못했을 때 다시 묻는 표현이다. 미국영어에서는 Pardon?보다는 Who? / To where? / A what? / New what?(새로운 뭐?)처럼 관사나 전치사 등을 붙여 이해하지 못한 부분을 구체적으로 묻는 것이 보통이다.

🧑 **Could you tell me the time?**
크쥬 텔 미 더 타임

👩 **Pardon?**
파든

》》 시간 좀 가르쳐 줄래요? | 뭐라고 하셨어요?

PATTERN 16
알아 듣게 말해 달라고 할 때

더 천천히(큰 소리로) 말해 주세요.
Please speak more slowly(louder).

중심어인 slowly와 louder를 약간 세게 분명하게 발음하는 것이 요령이다. 두 단어에 있는 l은 혀끝을 윗잇몸에 대고 발음한다.

말이 빠르거나 목소리가 작아서 알아들을 수 없을 때 다시 말해 달라고 요청하는 것이다. 아주 친한 사이가 아니라면 please를 붙이는 게 예의다.

👩 **I'm looking for a room which is ...**
아임 루킹 풔- 러 루움 위춰 이즈

🧑 **Speak a little louder, please.**
스피익 어 리를 라우더- 플리이즈

》》 방을 구하는데요, 방은… | 크게 좀 말해 주세요.

PATTERN 17
요청할 때 1

~해 주시겠어요?
Could you ~, please?

Could you는 [크쥬-]라고 단숨에 가볍게 발음한다.

Could you~?는 정중히 요청하는 표현이다. 흔쾌한 승낙을 얻기 위해서는 Could 같은 '가능하다면'이라는 가정의 의미가 들어간 공손한 표현을 쓰는 것이 무난하다. 또한 꼭 들어달라는 의미로 please를 붙이면 좋다.

🧑 **Could you** help me with this, **please**?
크쥬- 헬미 윗 디스 플리이즈

👩 **Certainly.**
써-튼리

>>> 이것 좀 도와주실래요? | 그러죠.

PATTERN 18
요청할 때 2

~해 주시겠어요?
Would you ~, please?

Would의 w는 [우]라고 입술을 앞으로 내밀고 발음한다. Would you는 [으쥬]라고 단숨에 가볍게 발음한다.

Would you ~?도 요청할 때의 정중한 표현으로 많이 쓰는 것 중 하나이다. Will you ~?가 단순히 '~해줄래?'라는 요청인데 비해 Would you ~?는 가정의 의미를 넣어 더욱 공손하게 요청하는 표현이다. 또한 Will(Won't) you do me a favor?도 요청할 때의 기본 표현으로 알아두자.

👩 **Would you** repeat that again, **please**?
으쥬- 뤼피-잇 댓 어겐 플리이즈

🧑 **All right.**
올- 롸잇

>>> 그걸 다시 말씀해 주실래요? | 알겠어요.

PATTERN 19
요청할 때 3

~해 주세요.
Won't you ~, please?

Won't you는 [원-츄]라고 발음한다. Wo부분은 입술을 내밀고 분명하게 발음한다.

상대의 마음에 호소하려면 제스처도 섞어가며 가능한 한 정중한 표현을 쓰는 것이 우선이다. '부탁드립니다.' 라는 기분을 나타내려면 잠깐 끊고 다시 Please!를 붙이면 된다.

- Won't you give me a window seat, please?
  원츄 기브미 어 윈도우 씨잇 플리이즈

- I'm very sorry, but there's no window seat available, sir.
  아임 베뤼 쏘-뤼 밧 데어-즈 노우 윈도우 씨잇 어베일러블 써-

  >>> 창쪽 좌석으로 주시겠어요? | 정말 죄송한데요, 창쪽에 빈 좌석이 없습니다.

PATTERN 20
청을 들어줄 때

그럼요./물론이지요.
Certainly.

Cer-부분을 세게 발음한다. 윗니와 아랫니를 다물고 [써-]라고 발음하는 게 요령이다.

예를 들면 Can I open the window?라는 말을 들으면 무심코 Yes, you can.으로 대답하는 한국인이 적지 않다. 문법적인 잘못은 없지만 일반적인 대답은 아니다. 일상 회화에서는 Certainly. / Sure. / Go ahead. 등으로 대답하는 것이 보통이다. '그럼요. / 물론이지요.' 라는 뜻이다.

- I'd like a beer, please.
  아이들 라익 어 비어 플리이즈

- Certainly.
  써-튼리

  >>> 맥주 한 잔 주세요. | 알겠습니다.

PATTERN 21
청을 거절할 때

죄송하지만 안 되겠는데요.
I'm sorry, (but) I can't.

I'm SORry, (but) I CAN't.처럼 sorry의 sor- 부분과 can't를 세게 발음한다.

청을 거절할 때는 제대로 된 표현으로 정중히 거절하는 게 좋다. 위와 같은 표현을 이용하든가, I wish I could, but ~이란 표현으로 '들어주곤 싶은데…'라는 뜻을 나타내면 정중히 거절할 수 있다.

- Will you come outside and help me, Kim?
  윌류 컴 아웃싸이드 앤 헬미 킴

- I'm sorry, I can't. I'm on the phone.
  아임 쏘-뤼 아이 캔트   아임 온 더 포운

  >>> 김, 나와서 좀 도와줄래? | 안 되겠어. 나 지금 통화중이야.

PATTERN 22
허락을 청할 때 1

~해도 되겠습니까?
Can I ~?

Can I는 [캐나이]로 발음한다.

허락을 요청할 때는 공손하고 정중한 표현을 쓰는 것이 좋다. 함부로 창문을 열거나 아무 장소에서나 담배를 피우는 것은 실례가 되므로 꼭 주위 사람에게 허락을 청하는 게 좋다.

- Can I park my car here?
  캐나이 파-크 마이 카- 히어-

- Yes, of course.
  예스 어브코-즈

  >>> 여기 주차해도 되나요? | 네, 물론입니다.

PART 1 기본 다지기: 자주 쓰는 회화 패턴 88

PATTERN 23
허락을 청할 때 2

~해도 되겠습니까?
May I ~?

May I는 [메아이]로 발음한다. May를 가볍게 발음한 뒤에 이어서 I를 약간 세게 발음하는 것이 요령이다.

May I ~?가 Can I ~?보다 더욱 공손하고 정중한 느낌을 준다. 처음 만나는 사람에게나 공적인 만남에서는 May I ~?를 쓰는 것이 무난하다.

🧑 May I have one of these brochures?
메아이 햅 원 오브 디-즈 브로슈어-즈

👩 Yes, of course.
예스 어브코-즈

>>> 이 팸플릿 한 장 가져가도 되겠습니까? | 네, 그러세요.

PATTERN 24
승낙할 때

네, 좋아요.
Sure. Go ahead.

Go ahead는 [고우어헷]처럼 발음한다. 끝의 d는 혀끝을 윗잇몸 뒤에 가볍게 대는데 억지로 [드] 소리를 낼 필요는 없다.

조건부로 승낙할 때는 먼저 조건을 말하고 나서 I'm willing to ~(기꺼이 ~하죠)라고 하면 더욱 정중한 대답이 된다. 그 대신에 조건이나 확신의 정도를 나타내는 부사구(절)를 덧붙일 수도 있다. 또한 Sure.와 Go ahead.는 각각 단독으로 쓸 수도 있다.

👩 Can I use your phone?
캐나이 유-즈 유어- 포운

🧑 Sure. Go ahead.
슈어-   고우어헷

>>> 전화 좀 쓸 수 있을까? | 그럼. 어서 써.

PATTERN 25
승낙하지 않을 때

죄송하지만 ~하실 수 없어요.
I'm afraid you can't ~.

I'm afraid는 [아이머프뤠잇]처럼 발음한다. 또한 승낙하지 않는다는 것을 분명히 나타내기 위해 can't를 세게 발음한다.

승낙하지 않을 때는 '승낙할 수 없어서 미안하다'라는 뜻을 나타내기 위해 I'm afraid ~나 I'm sorry (to say) but ~ 등의 간접적인 표현으로 시작한다. 이와 같이 시작하면 상대가 원하는 것에 반대되는 정보라는 것을 넌지시 알릴 수도 있다.

🧑 I'd like to buy two of these.
아이들 라익 트 바이 투 오브 디-즈

👩 **I'm afraid you can't** do that. We sell one for each person.
아이머프뤠잇 유 캔트 두 댓   위 쎌 원 포- 이춰 퍼-슨

〉〉〉 이거 두 개 주세요. | 죄송하지만 그렇게는 안 됩니다. 1인당 한 개만 팔고 있어요.

PATTERN 26
가능한 지 물을 때

~할 수 있어요?
Can you ~?

Can you는 [캐뉴]로 단숨에 발음하고 뒤의 동사 부분을 분명하게 발음한다.

'~할 수 있어요?'라고 묻는 것은 전혀 실례가 되는 표현이 아니지만 실례가 되는 경우도 있다. 예를 들어 회화 능력을 물을 때는 Can you speak English?가 아니라 Do you speak English?를 쓰는 것이 보통이다. 이 경우 Can you ~?는 능력을 의심하는 뉘앙스를 주기 때문이다.

🧑 **Can you** read that traffic sign?
캐뉴 뤼-드 댓 츄쾌픽 싸인

👩 I'm afraid I can't.
아이머프뤠잇 아이 캔트

〉〉〉 저 교통표지판 보이니? | 안 보이는데.

mp3 027

PATTERN 27
가능하다고 할 때

~할 수 있어요.
I can ~.

I can은 보통 [아이캔]으로 한 단어처럼 발음한다. 할 수 있다는 가능성을 강조해서 말할 때는 **I CAN**으로 띄어서 더욱 세게 발음한다.

외국인이 말을 걸면 한국인들은 I can't speak English. / I can speak English a little. 등으로 대답하며 피하는 경우가 많은데 외국인들은 '가능하다'고 도저히 말할 수 없는 한국어 수준인데도 '여기까지는 가능하다'고 당당하게 말한다. 국제 무대에서는 필요 이상의 겸손은 피하는 것이 좋다.

🙂 I don't know how to operate this machine.
아이돈 노우 하우 트 아퍼뤠잇 디스 머쉰

😊 **I can** operate it. Let me show you.
아이 캔 아퍼뤠잇-잇   렛미 쇼우 유

>>> 이 기계를 어떻게 쓰는지 모르겠어. | 내가 할 수 있어. 가르쳐 줄게.

mp3 028

PATTERN 28
불가능하다고 할 때

~할 수 없어요.
I can't ~.

I can't는 원칙적으로 can't를 세게 발음하지만 '내가'라고 자신을 강조할 때는 I를 세게 발음한다. 이때 잠시 끊어서 발음하면 오해 없이 전달된다.

'~할 수 없다'는 I can't ~로도 내용은 충분히 전달되지만 I'm afraid I can't ~라고 하면 공손한 표현이 된다. 또한 할 수 없는 이유를 말할 때는 상대의 사정이나 상황에 따라 다른 표현을 쓰더라도 이유 자체는 애매하지 않게 분명히 말하는 게 좋다.

😊 **I can't** pronounce this word. Could you say it for me, please?
아이 캔트 프뤄나운스 디스 워-드   크쥬 쎄이 잇 포- 미 플리즈

🙂 No problem.
노우 프롸블럼

>>> 이 단어를 발음할 수 없어요. 말해 봐 주시겠어요? | 그렇게 하죠.

PATTERN 29
권유할 때

~하시겠어요?
Would you like to ~?

첫 Would[웃] 발음에 주의하자. 입술을 내밀고 [우]라고 소리를 낸 다음에 힘주어 발음한다.

권유 표현으로 Would you like to ~?(~하고 싶으세요?)가 있다. 이것은 Let's ~.(~합시다.) 보다 정중한 표현이다.

🧑 **Would you like to** go for a quick drink?
으쥬- 라익 트 고우 풔-러 퀵 쥬륑크

👩 I'd love to.
아이들 러브 트

》》 간단히 한 잔 하러 갈래? | 좋아.

PATTERN 30
제안할 때

~할까요?
Shall we ~?

Shall의 Sh-부분은 증기가 뿜어 나오는 소리처럼 세게 발음하고 we의 w-는 입술을 내밀고 발음한다.

제안할 때는 친한 사람에게는 Shall we ~?/Let's ~.(~하자.) 등으로 하면 되지만 잘 모르는 사람에게는 I was wondering if ~ 또는 It might be better ~라는 보다 정중한 표현을 사용하는 것이 좋다.

🧑 **Shall we** go and ask at the information desk?
샬위 고우 앤 애-스크 앳 디 인풔-메이션 데스크

👩 Okay, let's.
오우케이 레츠

》》 안내 데스크에 가서 물어 볼까? | 그러자.

PART 1 기본 다지기: *자주 쓰는 회화 패턴 88*

mp3 031

PATTERN 31
권유에 응할 때

네, 그러고 싶어요.
Thank you, I'd like to very much.

Thank you는 [땡큐]라고 앞부분을 세게 말한 다음 [큐]를 가볍게 붙이듯이 발음한다.

권유에 응할 때는 Yes만으로는 퉁명스런 느낌을 주기 쉽다. Thank you.로 권유해 주어 고맙다는 뜻을 나타낸 뒤에 That would be great. / That's very kind of you.라고 추가하면 좋다. 친한 사이라면 간단히 Okay. / Sure. / Great! / Super! / You bet! 등으로 대답하는 게 보통이다.

🔵 **Would you like a cool drink?**
으쥬- 라이 커 쿠울 쥬륑크

🔵 **Thank you, I'd like to very much.**
땡큐 아이들 라익 트 베뤼 머취

>>> 시원한 것 한 잔 드실래요? | 네, 그래 주세요.

---

mp3 032

PATTERN 32
권유를 거절할 때

그러곤 싶지만~
Thank you very much, but ~.

Thank you very much에서는 보통 very를 세게 말하지만 '미안하다'라는 기분을 강조할 때는 much를 세게 발음한다.

권유나 제안에 응할 수 없을 때는 호의에 고맙다는 뜻을 전하고 응할 수 없는 이유를 말하며 확실히 거절하는 것이 좋다.

🔵 **Why don't you have a beer at the hotel bar?**
와이 돈츄 해-버 비어- 앳 더 호우텔 바-

🔵 **Thank you very much, but I don't feel good, so...**
땡큐 베뤼 머취 벗 아이 도운 퓔-구웃 쏘우

>>> 호텔 바에서 맥주 한 잔 안 할래? | 그러곤 싶은데 몸이 좀 안 좋아서 …

PATTERN 33
사물을 권할 때

~을 드릴까요?
Will you have ~?

Will you는 [윌류]라고 단숨에 말한다. 첫 w는 입술을 내밀고 발음한다.

사물을 권할 때 친한 사이에서는 Have some tea.(차 좀 들어.)라고 해도 되지만 보통은 Will you have ~?로 물어서 상대의 희망을 확인하는 것이 무난하다.

Will you have another cup of coffee?
윌류 햅 어나더- 컵 오브 커퓌

Yes, please.
예스 플리이즈

》》》 커피 한 잔 더 마실래? | 그래, 줘.

PATTERN 34
권유에 응할 때

고마워요.
Thank you.

여기서는 th 발음이 중요하다. 혀를 윗니와 아랫니 사이에 가볍게 물고 마찰시켜서 발음한다. 너무 강하게 마찰하면 안 되므로 가볍게 댄다는 느낌으로 발음한다.

권유에 응하거나 제안을 받아들일 때는 권유한 사람의 마음을 생각해서도 감사의 뜻을 나타내 보자. 대답은 기본적으로 Thank you. 또는 Thanks.이지만 상대나 상황에 따라 사용할 수 있는 몇 가지 표현들을 알아두면 좋다.

How would you like a cup of tea?
하우 으쥬 라익 어 컵 오브 티

Thank you. I love tea.
땡큐   아이 러브 티

》》》 홍차 한 잔 드실래요? | 주세요. 저 홍차 좋아해요.

PATTERN 35
사양할 때

아뇨, 됐어요.
No, thank you.

No에서 약간 올리고, thank you를 내리는 어조로 말하는 게 요령이다.

제안이나 권유 등의 호의를 거절할 때는 거절하는 표현 외에 감사의 인사를 덧붙이는 것이 보통이다. No, thank you. 외에도 That's very kind of you, but ~ 또는 I wish I could, but ~ 등을 쓸 수 있다. 물론 잘 아는 사람에게는 생략해도 된다.

🙋 **Would you like another helping?**
으쥬- 라익 어나더- 헬핑

🙋 **No, thank you. I've had enough.**
노우 땡큐   아이브 햇 이너프

》》》 더 드실래요? | 아뇨 됐어요. 많이 먹었어요.

PATTERN 36
원하는 것 희망을 말할 때

~을 주세요(~하고 싶은데요).
I'd like ~.

I'd like은 [아이들라익]으로 단숨에 발음한다.

원하는 것을 말하는 가장 무난한 표현이 I'd like (to) ~.이다. 구체적인 사물을 원할 때는 like 뒤에 some water나 newspaper 등의 명사가 오고, 원하는 동작이나 행위 등을 말할 때는 to부정사를 써서 I'd like to ~.라고 한다.

🙋 **I'd like one single room, please.**
아이들 라익 원 씽글 루움 플리이즈

🙋 **Certainly, ma'am.**
써-튼리 매-앰

》》》 1인실 하나 부탁합니다. | 알겠습니다, 부인.

PATTERN 37
선물을 줄 때

~을 받아주세요.
I'd like to give you ~.

I'd like to ~는 [아이들라익트]로 단숨에 발음한다.

한국에서는 선물을 줄 때 흔히 '별거 아니지만 ~' 이라고 하지만 외국인에게 선물을 하면서 지나치게 겸손하면 도리어 실례가 된다. It isn't anything much, but please accept it. 정도가 겸손한 표현이고 보통은 위와 같이 말한 뒤에 I hope you like it. 등의 말을 덧붙인다.

🔵 **I'd like to give you** this as a token of my gratitude.
아이들 라익 트 기뷰 디스 애-저 토우큰 오브 마이 그쾌리튜드

🔴 Oh, thank you.
오우 땡큐

〉〉〉 이거 받으세요, 감사의 표시로 드리는 겁니다. | 아이고, 고마워요.

PATTERN 38
확실한지 물을 때

~이 확실해요?
Are you sure ~?

Are you는 [아-유]라고 가볍게 발음하며 다음의 sure를 세게 분명히 발음한다.

Are you sure that ~?의 that은 일상회화에서는 보통 생략한다. sure 대신에 positive를 쓸 수도 있다. 확실함의 정도는 absolutely(definitely)가 가장 확실함을 나타내고, sure〉 probably〉perhaps〉possibly의 순서로 정도가 낮아진다.

🔵 That is the man who stole my bag.
댓 이즈 더 맨 후 스토울 마이 백

🔴 **Are you sure** about that?
아-유 슈어- 어바웃 댓

〉〉〉 내 가방을 훔쳐 간 게 바로 저 남자예요. | 그게 확실하세요?

_mp3 039_

PATTERN **39**
확실하다고 할 때

~가 확실해요.
I'm sure ~.

sure의 발음에 주의하자. su- 부분을 [슈]라고 세게 발음한다.

질문에 대답하거나 정보를 줄 때 확신이 있으면 I'm sure ~라고 하고 내용을 전하거나 긍정적인 대답을 하거나 한다. 확신이 없을 때는 무리하게 대답하려고 하지 말고 I'm not sure ~. / I can't say for certain. 등으로 말하는 게 좋다.

🔵 **Are you sure the museum is open today?**
아 유 슈어- 더 뮤-지-엄 이즈 오우픈 트데이

🔵 **Yes, I'm quite sure.**
예스 아임 콰이엇 슈어

〉〉〉 오늘 박물관이 문을 여는 게 확실해? | 그래, 틀림없어.

_mp3 040_

PATTERN **40**
맞는지 확인할 때

~가 맞아요?
Is ~ right?

right[롸잇]의 t발음은 혀끝을 윗잇몸 뒤에 대어 숨이 밖으로 나오지 않게 발음한다.

말은 글자대로의 의미이거나 그 이상의 내용이 포함될 수 있으므로 같은 말이라도 사람에 따라 의미 파악은 다양할 수 있다. 따라서 오해를 피하기 위해서는 자신이 이해한 것이 맞는지 확인해 볼 필요가 있다.

🔵 **Somebody told me that Flight 201 had been canceled. Is that right?**
썸바디 토울드 미 댓 플라잇 투 오우 원 햇 비인 캔-쓸드   이즈 댓 롸잇

🔵 **Yes, that's right, sir.**
예스 대츠 롸잇 써-

〉〉〉 201편이 결항이라고 그러던데 맞나요? | 네, 맞습니다.

38 | 39

PATTERN 41
이해를 확인할 때

~라는 말인가요?
Do you mean ~?

Do you **MEAN**[드유미인]처럼 Do를 가볍게 발음하고 mean을 길고 세게 발음한다.

Do you mean ~?의 Do를 생략한 You mean ~?도 일상회화에서 자주 쓰인다. 경우에 따라 In other words, ~?(다른 말로 하면, ~입니까?)라고 물어서 확인할 수도 있다.

🧑 I was just unfortunate. I never give up.
아이 워즈 쥬스트 언포츄넷   아이 네버- 기브업

👦 Do you mean you'll try it again?
드유 미인 유일 츄롸이 잇 어겐

》》》 운이 나빴을 뿐이야. 절대 포기하지 않겠어. | 다시 한 번 해 보겠다는 말이니?

PATTERN 42
상대가 이해했는지 확인할 때

제 말 아시겠어요?
Do you see what I mean?

what I mean은 [와라이미인]으로 단숨에 발음한다.

상대가 이해했는지 확인할 때는 위와 같이 묻는 것이 무난하지만 Do를 생략한 You see what I mean?도 자주 쓰인다. Do you understand?는 상대를 무시하는 뉘앙스가 있으므로 사용할 때는 주의해야 한다. 또한 What I mean is ~(제 말 뜻은 ~)라고 하며 설명하는 것도 한 방법이다.

👦 That's why I want you to go there. Do you see what I mean?
대츠 와이 아이 원츄 트 고우 데어   드유 씨- 와라이미인

🧑 I'm afraid I don't.
아임 어프뤠잇 아이 도운트

》》》 그러니까 네가 거기 가 주었으면 해. 내 말 알겠지? | 잘 모르겠어.

mp3 043

PATTERN 43
기억을 확인할 때

~을 기억하세요?
Do you remember ~?

Do you reMEMber[드유 뤼멤버-]라고 Do는 가볍게, remember의 -mem- 부분을 길고 세게 발음한다.

remember는 의미상 '기억하다, 기억하고 있다, 기억해내다(=recall)'의 세 가지 의미가 있는 단어다. 용법에 주의할 점은 remember mailing the letter는 '편지 부친 일을 기억하고 있다'라는 의미가 되고, remember to mail the letter라고 하면 '편지를 부치는 걸 잊지 않다'라는 의미가 된다는 것이다.

🔵 **Do you remember** where you bought the watch?
드유 뤼멤버- 웨어 유 보-트 더 워취

🔵 I'm afraid I've forgotten.
아임 어프뤠잇 아이브 포-가튼

》》》 그 시계 어디서 샀는지 기억나? | 잊어 버렸는데.

---

mp3 044

PATTERN 44
의지를 말할 때

~할 겁니다(~하지 않을 겁니다).
I'm(I'm not) going to ~.

I'm going to는 회화에서는 I'm gonna[암고너]라고 말할 때가 많다. 발음할 때는 그 정도까지는 아니더라도 [아임 고우잉트]라고 단숨에 발음하는 게 중요하다.

의지를 나타내는 일반적인 표현으로 I'm going to ~와 I will ~을 생각할 수 있는데 I'm going to가 '이젠 변경할 수 없다'라는 뉘앙스인데 비해, I will은 '아직 변경이 가능하다'라는 뉘앙스가 있다. 물론 현재형으로 말하면 가장 강한 의지를 나타내는 게 된다. 또한 I promise I'll ~(꼭 ~하겠다)이라고 할 수도 있다.

🔵 What are you going to do today?
왓 아 유 고우잉트 두 트데이

🔵 **I'm going to** visit Capitol Hill and the White House.
아임 고우잉트 비짓 캐-피톨 힐 앤 더 와잇 하우스

》》》 오늘 뭐할 거야? | 국회의사당하고 백악관을 가볼 거야.

PATTERN 45
기대할 때

~을 기대하고 있어요.

I'm looking forward to ~.

I'm **LOOK**ing **FOR**ward / to ~라고 대문자 부분을 길고 세게 발음한다.

look forward to ~는 회화뿐만 아니라 편지 등에서 I look forward to hearing from you.(답장을 기다리겠습니다.) 형식으로 자주 쓰인다. to 다음에는 seeing이나 hearing 등 –ing가 붙은 동명사가 온다.

🧑 I will be there at three this Saturday.
아일 비 데어- 앳 뜨뤼- 디스 쌔러데이

👦 Okay. I'm looking forward to seeing you.
오우케이 아임 루킹 포-워-드 트 씨-잉 유

>>> 토요일 3시에 갈게. | 알겠어. 빨리 보고 싶다.

PATTERN 46
긍정적인 예상을 할 때

~이 될 것 같아요.

(Probably) ~ is going to ...

허물없는 대화에서는 going to는 gonna[고너]처럼 들린다. 보통의 대화에서는 [고우잉트]라고 발음한다.

긍정적인 예상은 첫 마디를 긍정적인 표현이나 부사로 나타내는 것이 보통이다. probably는 상당한 확률로 그렇게 될 것 같다고 생각할 때 쓴다. 반면에 possibly는 단순히 그럴 가능성이 있다는 것만을 나타낸다.

🧑 It's going to rain again.
이츠 고우잉트 뤠인 어겐

👦 Here, take this umbrella with you.
히어 테익 디스 엄브뤨러 위드유

>>> 비가 또 오겠어. | 자, 이 우산을 갖고 가.

PART 1 기본 다지기; 자주 쓰는 회화 패턴 88

mp3 047

PATTERN 47
부정적인 예상을 할 때

~일 것 같지 않아요.
I don't think ~.

I don't think는 끊어서 발음하지 말고 [아이돈띵]처럼 한 단어처럼 이어서 발음한다.

부정적인 예상은 대개 I don't think ... / It's unlikely... 와 같은 부정형으로 문장을 시작한다. 또한 That's impossible.(절대 그럴 리가 없다.) 또는 No way.(말도 안 된다./절대 안 된다.) 등은 다소 과장해서 강하게 말하는 것이 좋다.

🧑 I wonder if he has already booked the rooms.
아이 원더- 이프 히 해즈 올-뤠디 북트 더 루움즈

👩 I don't think he has.
아이 돈 띵크 히 해즈

〉〉〉 그가 방을 전부 예약했을까? | 아직 못 했을 것 같은데.

mp3 048

PATTERN 48
이유를 말할 때

~라서
Because ~

발음은 [비커즈]처럼 되거나 허물없는 대화에서는 'cause[커즈]로 때때로 be가 생략된다. cuz는 만화에서 볼 수 있는 발음철자이다.

영어는 결론을 먼저 말할 때가 많기 때문에 먼저 Yes/No로 결론을 말한 다음 because로 구체적인 이유를 설명한다. 같은 because라도 그 이유를 가볍게 추가하는 기분일 때는 Because라고 가볍게 말한 뒤에 바로 다음 문장을 이어 말하며, '왜냐하면 말이죠.' 라고 이유 설명에 중점이 있을 때는 Because를 약간 세게 말한 다음 잠시 끊고 이어서 다음 문장을 말한다.

👩 How come you were so late?
하우 컴 유 워- 쏘우 레이트

🧑 Because I was stuck in a traffic jam.
비커즈 아이 워즈 스턱 인 어 트뤠-픽 쟴

〉〉〉 왜 이렇게 늦은 거야? | 길이 막혀서 꼼짝할 수 없었어.

PATTERN 49
조언을 부탁할 때

제가 ~해야 할까요?
Do you think I should ~?

think I should는 [띵카이숫]으로 단숨에 발음하고, should 다음에 오는 동사를 분명하게 발음한다.

조언을 부탁할 때는 What's your advice?와 같은 직접적인 표현 보다는 would나 could가 들어간 공손한 표현을 쓰는 것이 좋다.

🧑 **Do you think I should** consult my doctor?
드유 띵크 아이슛 컨설트 마이 닥터-

👩 Yes, I think so.
예스 아이 띵크 쏘우

>>> 담당의사한테 가서 진찰을 받아야 할까? | 그래, 그러는 게 좋겠어.

PATTERN 50
하라고 조언할 때

~하는 게 좋겠어요.
I think you should ~.

you should[유-숫]를 잘 발음하는 게 핵심이다. d는 혀끝을 윗잇몸 뒤에 붙이고 발음은 하지 않는 것이 요령이다.

판단은 상대에게 맡긴다는 표현이다. 다소 강하게 말할 때는 You should ~를 사용할 수도 있다. 이런 표현은 공손한 표현으로 하면 할수록 조언의 강도가 세진다고 생각하면 된다. 일상생활에서도 It would be better if ~와 같은 표현이 자주 쓰인다.

🧑 **I think you should** exercise more often. You're getting fat.
아이 띵크 유 슛 엑써-싸이즈 모어- 어픈   유아- 게링 퍳

👩 I know, but I just don't have time.
아이 노우 벗 아이 줘스트 도운 햅 타임

>>> 운동을 더 자주 해야 되겠어. 점점 살이 찌고 있어. | 알아. 하지만 시간을 낼 수 없어.

PATTERN 51
하지 말라고 조언할 때

~하지 않는 게 좋겠어요.
I don't think you should ~.

I don't think you should는 [아이돈띵 유슛]라고 이어서 빠르게 말하는 연습을 한다.

아이를 타이를 때는 Don't do that. / You shouldn't tell a lie.와 같이 직접적으로 말할 수 있지만 그 외의 경우에는 I don't think you should ~와 같은 간접적인 표현을 쓰는 것이 좋다.

- **I don't think you should** be around here at night, miss.
  아이 돈 띵크 유 슛 비 어라운 히어- 앳 나잇 미스

- Thank for your advice, officer.
  땡큐 포- 유어- 애드바이스 어-퓌써-

  >>> 아가씨, 밤에 이 근처에 와선 안 됩니다. | 경관님, 충고해 줘서 고마워요.

PATTERN 52
의무를 알려 줄 때

(당신은) ~해야 해요.
I think you have to ~.

I think에서 잠깐 끊고 have to는 [햅트]라고 발음한다.

회화에서 상대의 의무를 말할 때는 have to를 쓸 때가 많지만 must도 같은 의미로 쓰인다. have to는 대개 주변 상황이나 맡겨진 임무로 해야만 할 경우에 쓴다. must는 윤리, 도덕상 당연히 해야 한다고 판단한 경우에 쓰이므로 말하자면 해야 할지 어떨지 곰곰이 생각해 보라는 뉘앙스다.

- I call my parents once a month.
  아이 콜- 마이 페뤈츠 원스 어 먼쓰

- **I think you have to** do so more often.
  아이 띵크 유 햅트 두 쏘우 모어- 어폰

  >>> 부모님께 한 달에 한 번은 전화하고 있어. | 전화를 더 자주 드려야 해.

PATTERN 53

좋아하는지 물을 때

~좋아하세요?
Do you like ~?

Do you LIKE처럼 Do를 매우 약하게, like를 세게 발음한다.

There's no accounting for taste.(취향도 제각각.)라는 속담처럼 사람의 기호는 가지 각색이다. Do you like ~?은 단순히 '~좋아하세요?' 라고 묻는 표현이고 '어느 걸 좋아하세요?' 는 prefer를 써서 Do you prefer tea or coffee? / Which do you prefer, tea or coffee?(홍차와 커피 중에 뭘 좋아하세요?)라고 한다.

🧑 **Do you like** traveling alone?
드유 라익 츄쾌블링 얼로운

👩 Yes, very much.
예스 베뤼 머취

>>> 혼자 여행하는 거 좋아해? | 아주 좋아해.

PATTERN 54

좋아하는 것을 말할 때

~을 (아주) 좋아합니다.
I like(love) ~.

핵심은 like와 love의 l 발음. 혀끝을 윗잇몸 뒤에 대고 [르]라고 발음한다.

자신이 좋아하는 것이나 싫어하는 것을 분명히 밝히는 것은 지나치지만 않으면 나쁘다고 할 수 없다. 자신의 개성을 나타내기 위해서도 좋아하는 것은 여러 가지 단어를 사용해서 자꾸 말해 보자. I like ~. 외에 I enjoy ~.라고 할 수도 있다.

🧑 What do you do in your spare time?
왓 두유 두 인 유어 스페어- 타임

👩 **I love** watching baseball on TV.
아이 러브 워칭 베이스볼- 온 티-비-

>>> 한가할 때는 뭐 하면서 지내세요? | TV로 야구경기 보는 걸 좋아해요.

PART 1 기본 다지기: 자주 쓰는 회화 패턴 88

PATTERN 55

싫어하는 것을 말할 때

~을 싫어합니다.

(I'm afraid) I don't like ~.

don't like은 [도운라익]처럼 t음은 사라진다. 즉 n의 혀끝을 윗잇몸 뒤에 댄 채로 l을 발음한다.

싫어한다고 말하기는 쉽지 않지만 자신의 생각이나 기분을 솔직히 말하는 것도 좋다. '~을 싫어한다.'는 I don't like ~.가 가장 일반적인 표현이고, dislike은 아주 싫어한다는 것을, hate는 혐오할 정도로 싫다는 뉘앙스로 쓴다.

- **Have you ever listened to the Beethoven Fifth?**
  해뷰 에버- 리쓴드 트 더 베이토우번 피프쓰

- **I'm afraid I don't like** classical music.
  아임 어프뤠잇 아이 도운라익 클래시컬 뮤-직

  〉〉〉 베토벤 5번 들어 본 적 있어? | 클래식 음악은 안 좋아해.

PATTERN 56

느낌을 물을 때

~은 어땠어요?

Did you like ~?

Did you like은 [디쥬라익]처럼 Did와 you는 단숨에 가볍게 발음하고, like을 세게 발음한다.

현재의 느낌은 Do you like ~?으로 묻고, 과거의 느낌은 Did you like ~?로 묻는다. like 대신에 enjoy나 find를 써도 같은 의미다.

- **Thank you for sending me the pictures of the Rockies.**
  땡큐 포- 쎈딩 미 더 픽춰-즈 오브 더 롸키즈

- **Did you like** them?
  디쥬 라익 뎀

  〉〉〉 로키 산 사진을 보내줘서 고마워. | 마음에 들었니?

PATTERN 57
흥미 관심을 말할 때

~에 관심이 있어요.
I'm interested in ~.

I'm INterested / in...으로 interested의 in-부분을 세게 발음한다.

흥미나 관심을 묻는 질문에 대답할 때는 분명히 대답하는 게 좋다. 애매하게 대답하면 오해를 불러일으키기 쉽다. '관심이 없다'는 I'm not interested in ~.이지만 I'm not very much interested in ~.(별로 관심이 없다.)라고 하면 부드러운 느낌이 된다.

- **What kind of music do you like?**
  왓 카인돕 뮤-직 드유 라익

- **I'm very much interested in pop music, especially of the eighties.**
  아임 베뤼 머취 인트뤼스팃 인 팝 뮤-직 에스페셜리 오브 디 에이리즈

  >>> 어떤 음악을 좋아하세요? | 팝 음악을 무척 좋아해요. 특히 80년대 팝이요.

PATTERN 58
관심 없다고 할 때

~은 별로 관심 없어요.
I don't find ~ very interesting.

I don't은 [아이돈]으로 가볍게 발음한다.

별로 관심이 없다는 것을 나타낼 때는 어느 정도 솔직히 말할 건지 상대나 주위의 상황에서 판단한다. 원칙은 그다지 친하지 않은 사람이나 공식적인 상황에서는 간접적인 표현(예를 들면 부분부정을 사용해서)을 쓰고, 친구나 잘 아는 사이라면 직접적인 표현을 써도 된다.

- **Are soap operas popular in your country?**
  아- 소움 아프러즈 파퓔러- 인 유어- 컨츄리

- **Yes, but I don't find them very interesting.**
  예스 벗 아이돈 퐈인 뎀 베뤼 인트뤼스팅

  >>> 당신 나라에서 연속극이 인기가 있나요? | 인기는 있지만 전 별로 관심 없어요.

PATTERN 59
하고 싶지 않다고 할 때

~하고 싶지 않아요.
I don't really want to ~.

really want to는 [뤼얼리원-트]라고 단숨에 약하게 발음한다. to는 가볍게 첨가하는 정도다. want to는 일상회화에서는 wanna[워너]로 발음할 때가 많다.

부탁이나 권유를 거절할 때 No. 한 마디로도 되지만 너무 직접적이어서 실례가 될 수 있다. 보통 위와 같은 표현으로 공손하게 '하기 싫다'는 뜻을 전한다. 또한 I'm afraid I don't want to ~라고 할 수도 있다.

- **What about Sunday? There will be a room available that day.**
  왓 어바웃 썬데이   데어- 윌비 어 루움 어베일러블 댓 데이

- **I don't really want to wait that long.**
  아이 돈 뤼얼리 원-트 웨잇 댓 롱-

>>> 일요일은 어떠세요? 일요일엔 방이 있을 겁니다. | 그렇게 오래 기다리긴 싫어요.

PATTERN 60
도와준다고 할 때

도와드릴까요?
Can I help you?

Can I는 [캐나이]로 발음한다.

도움을 줄 때는 상대와의 관계를 고려하면서 무엇을 원하는지를 요령 있게 묻는 게 중요하다. 상대가 도움을 원치 않는다고 하면, I just thought you need one.(도움이 필요한 것 같았어요.)라고 말할 수도 있다.

- **Can I help you?**
  캐나이 헬-퓨

- **Thank you. Will you hold the other end of the rope?**
  땡큐   윌류 호울드 디 아더- 엔드 오브 더 로웁

>>> 도와줄까? | 고마워. 밧줄 끝을 잡아 줄래?

PATTERN 61
방법을 알려 줄 때

먼저 ~, 다음에 …
First you ~, then you …

핵심은 first의 f와 then의 th를 정확하게 발음하는 것이다. first와 then을 말하고 나서 잠깐 끊는다.

방법이나 순서는 First (you) ~, then (you) ~, and (you) ~와 같이 순서에 따라 설명하면 쉽게 이해한다. 특히 상대와 같이 할 때는 Like this.(이렇게)라고 하며 방식을 보여주는 것도 좋다. 마지막에 See. You've done it.(네, 됐어요.)라고 첨가하면 완벽하다.

🙂 Could you help me fill out this form?
크쥬 헬프 미 퓔라웃 디스 포-엄

🙂 First you put your name and address here, then you write down the title of the book you want.
풔-스트 푸츄어- 네임 앤 애-쥬뤠스 히어- 덴 유 롸잇 다운 더 타이틀 오브 더 북 유 원트

>>> 이 신청서 쓰는 걸 도와 주실래요? | 먼저 여기에 이름과 주소를 쓰고 다음에 원하는 책의 이름을 적으세요.

PATTERN 62
만족을 나타낼 때

~에 만족합니다.
I'm very pleased with ~.

I'm very **PLEA**-sed with ~로 I'm을 가볍게 발음하고, plea-부분을 약간 길고 세게 발음한다.

만족을 나타낼 때는 말뿐만 아니라 표정으로 표현하는 것도 중요하다. 한국인은 감정표현이 서툰 편인데 정말 만족한다는 느낌을 전달하려면 표정에서도 정말 좋다는 감정을 드러낼 필요가 있다.

🙂 How do you like your room?
하우 드유 라익 유어- 루움

🙂 I'm very pleased with it.
아임 베뤼 플리-즈드 위-딧

>>> 방은 마음에 드세요? | 정말 좋아요.

PATTERN 63
불만을 말할 때

~이 신경에 거슬립니다.
I'm very annoyed ~.

annoyed는 [어노이드]라고 -noy- 부분을 세게 발음한다.

불쾌한 감정을 말해야만 하는 상황이 있다. I'm very annoyed ~는 다소 강한 표현이므로 주의가 필요하다. 먼저 Will you please turn down your radio?(라디오 소리를 줄여 줄래요?)라고 하고 그래도 듣지 않을 때 위와 같은 표현을 사용하는 것이 좋다.

🔵 How may I help you?
하우 메아이 헬-퓨

🔴 Please do something about the noise from the next room. I'm very annoyed.
플리즈 두 썸띵 어바웃 더 노이즈 프럼 더 넥스트 루-움   아임 베뤼 어노이드

>>> 어떤 걸 도와드릴까요? | 옆방이 시끄러운데 어떻게 좀 해 주세요. 정말 짜증 나요.

PATTERN 64
불평할 때

~에 불만이 있어요.
I want to complain about ~.

complain이나 그 명사형 complaint를 정확히 발음해 보자. complain은 [컴플레인-], complaint는 [컴플레인-트]라고 -plain- 부분을 길고 세게 발음한다.

불만을 말할 때는 I want to complain about ~ / I'd like to make a complain about ~ 등으로 말을 꺼내고 상대의 대응에 따라 다음 표현을 선택한다.

🔵 Hello. What can I do for you, sir?
헬로우   왓 캐나이 두 포- 유 써-

🔴 I want to complain about your product.
아이 원-트 컴플레인- 어바웃 유어- 프뤄덕트

>>> 여보세요, 무슨 용건이세요? | 당신 회사 제품에 불만이 있어서요.

PATTERN 65
실망했을 때

~에 실망했어요.
I'm disappointed ~

I'm disapPOINted at(with)처럼 -poin-부분을 세고 약간 길게 발음한다.

'나는 실망했다.'는 disappointed를 쓰지만 사물이 '실망스럽다'라고 할 때는 disappointing을 사용한다. 서양 사람들은 흔히 '말도 안 된다'라는 의미로 머리를 옆으로 저며 That's very disappointing.이라고 한다.

🧑 How was the exam?
하우 워즈 디 이그잼

👦 I thought I did okay, but I'm disappointed at the result.
아이 쏘-트 아이 딧 오우케이 벗 아임 디스어포인팃 앳 더 뤼절트

>>> 시험 잘 봤어? | 잘 봤다고 생각했는데 결과는 형편없어.

PATTERN 66
의견을 물을 때

~을 어떻게 생각하세요?
What do you think about ~?

What do you는 [왓드유]라고 한 단어처럼 발음한다. 뒤의 think를 세게 발음하고 about은 [어바웃]이라고 가볍게 붙인다.

의견을 물을 때 Do you think it's reasonable?이나 Do you agree with me?라고 하면 Yes. / No.로 대답하는 결과를 낳는다. 상대가 어떤 의견을 갖고 있는지 모를 때는 What do you think about ~?라고 물어서 자유롭게 생각을 말하도록 해 준다.

🧑 What do you think about our project?
왓드유 띵크 어바웃 아우어- 프뤄-젝트

👦 I think it's possible, but it costs too much.
아이 띵크 이츠 파써블 벗 잇 코-스츠 투 머취

>>> 우리 계획을 어떻게 생각하세요? | 가능하다고 봐요, 하지만 비용이 너무 많이 들어요.

PATTERN 67
의견을 말할 때

~라고 생각해요.
I think ~.

th발음이 중요하다. 윗니와 아랫니 사이에 혀끝을 살며시 넣고 [뜨]라고 발음한다.

자기 의견을 밝히는 것은 대인관계의 기본이다. 하고 싶은 말이 있을 때는 서슴없이 말해 보도록 하자. 이때 공식처럼 쓰는 표현으로 I think(guess) ~ 형식 외에도 Probably나 Definitely 등의 부사로 시작하거나 It seems to me ~ 등의 표현을 이용하는 방법도 있다.

- **What do you think of his proposal?**
  왓드유 띵크 오브 히스 프뤄포우절

- **I don't think it's workable.**
  아이 돈 띵크 이츠 워억커블

>>> 그의 제안이 어떤 것 같아? | 현실적이지 않은 것 같아.

PATTERN 68
의견이 없다고 할 때

아무 의견 없습니다.
I really don't have any opinion.

don't have any opinion은 [도운해브 에니 오피니언]으로 발음한다.

의견이 있으면 분명하게 말하고 별다른 의견이 없을 때는 없다고 솔직히 말한다. 실실 웃어넘기려 했다가는 쓸데없는 오해를 부를 수 있으므로 피하는 것이 좋다.

- **So what do you think, Jim?**
  쏘우 왓드유 띵크 쥠

- **I really don't have any opinion.**
  아이 뤼-얼리 도운 해브 에니 오피니언

>>> 그래서 짐, 당신은 어떻게 생각해요? | 별다른 의견 없어요.

mp3 069

PATTERN 69
의견을 말하고
싶지 않을 때

~에 관해서는 말하고 싶지 않아요.
I'd rather not say anything about ~.

I'd **RA-THER NO-T**으로 rather와 not을 약간 길게 분명히 발음한다.

대답하기 곤란한 것 즉 개인적인 일, 인종, 종교, 나이 등을 묻는 질문에 대답하기 싫을 때는 분명하게 '대답하고 싶지 않다' 또는 '의견을 삼가고 싶다' 라고 말하는 것이 좋다.

🧑 Don't you think there are too many immigrants?
돈츄 띵크 데어-아 투 메니 이미그뤈츠

👩 I'd rather not say anything about that.
아이드 뢔-더 낫 쎄이 에니띵 어바웃 댓

〉〉〉 이민자들이 너무 많은 것 같지 않아? | 그거 말하기가 좀 그래.

mp3 070

PATTERN 70
동의하는지
물을 때

제 말에 동의하세요?
Do you agree?

Do는 약하게 발음되어 거의 안 들리므로 D' ya[디야]나 ...you[...유]처럼 들린다.

대화가 일방적으로 되지 않도록 중간 중간 상대의 의견을 확인하면서 대화를 진행하는 게 좋다. 이런 경우에 쓸 수 있는 표현으로 Agree?, Right? 그리고 (Are you) With me? 등이 있다. 모두 '제 말이 맞아요?' 라고 동의를 구하는 표현이다.

👩 I think we should take a taxi. Do you agree?
아이 띵크 위 슛 테이-커 택-씨   드유 어그뤼-

🧑 I have a better plan.
아이 해-버 베러 플랜

〉〉〉 택시를 타는 게 좋겠지, 그렇지? | 더 좋은 생각이 있어.

PART 1 기본 다지기; 자주 쓰는 회화 패턴 88

PATTERN 71

동의한다고 할 때

~에 동의합니다.
I agree with ~.

I agree는 [아이 어그뤼-]라고 -ree 부분을 약간 세게 발음한다.

우리말에서도 대화 중에 '그래.' '맞아.' 등으로 상대의 말을 들으며 맞장구 하는데 영어도 이런 말을 끼워 넣지 않으면 대화가 일방적으로 흐르기 쉽다. 대화의 흐름을 생각하면서 적절하게 동의를 나타낼 필요가 있다. 또한 대답으로 Agreed.라고 하면 Yes.의 의미가 된다.

🙂 I think we should leave early tomorrow morning.
아이 띵크 위 슛 리-브 얼-리 트머-뤄우 모-닝

👩 I agree with your plan.
아이 어그뤼- 윗 유어- 플랜

》》 내일 아침 일찍 출발해야겠어. | 나도 그렇게 생각해.

PATTERN 72

반대할 때

~에 동의할 수 없어요.
I don't agree with ~.

I DON'T[아이 도운트]라고 부정 부분을 세게 발음하고, agree[어그뤼-]의 -ree 부분을 분명하게 발음한다.

상대의 의견에 찬성하지 않을 때는 찬성할 수 없다는 뜻을 분명히 나타내는 한편 I'm afraid I don't agree ~.와 같은 상대를 기분 나쁘게 하지 않는 표현을 쓰는 것이 중요하다. 부분적으로 찬성할 때는 '찬성하지만 그런데 ~'처럼 찬성하는 부분을 강조한다.

👩 I'm afraid I don't agree with you.
아임 어프뤠잇 아이 도운트 어그뤼- 윗 유

🙂 All right. What do you think, then?
올- 롸잇   왓드유 띵크 덴

》》 당신 생각에 찬성할 수 없는데요. | 좋습니다. 그럼 어떻게 생각하세요?

PATTERN 73
화제를 바꿀 때

그런데 ~
To change the subject, ~

화제를 바꾼다는 의미이므로 잠깐 끊고 난 뒤에, To **CHANGE** / the / **SUB**ject라고 하고 다시 끊는다.

By the way ~도 실제 회화에서 자주 쓰지만 원래 의미는 the way(지금의 화제)의 by(옆)이라는 것이다. 그러므로 지금까지의 화제와 전혀 관계가 없는 것을 말한다기보다는 약간의 관련성을 있는 것을 말할 때 사용한다. Not to change the subject도 쓰이지만 이것도 비슷한 화제로 바꿀 때의 표현이다.

🧑 **To change the subject, have you ever been to Australia?**
트 췌인쥐 더 써브쥅트 해-뷰 에버- 비인 트 오스트렐리어

👩 **Yes, I've been there twice. But why the question?**
예스 아이브 비인 데어- 트와이스   벗 와이 더 퀘스천

〉〉〉 그런데, 호주에 가본 적이 있어? | 그래, 두 번 가봤어. 근데, 그건 왜?

PATTERN 74
대화 중 끼어들 때

대화 중에 죄송한데요 ~
Sorry to interrupt you, but ~

inter**RUP**t you는 -rup- 부분을 세게 you와 이어서 단숨에 발음한다.

대화 중에 끼어들 때는 먼저 무례를 사과하고 혼란이나 오해를 피하기 위해 적절한 시점에 끼어든다. Sorry to interrupt you ~는 I'm sorry to interrupt you ~를 생략한 형태이다.

🧑 **I suggest the Royal Hotel. It's located ...**
아이 써쮀스트 더 로이얼 호우텔   이츠 로우케이티드

👩 **Sorry to interrupt you, but the rooms there are rather small.**
쏘뤼 트 인트뤕트- 츄 벗 더 루움즈 데어- 아 래-더 스몰-

〉〉〉 로얄 호텔이 좋을 것 같아. 위치는 … | 방해해서 미안한데 거기는 방이 좀 작아.

PATTERN 75
말이 막혔을 때

음, 그러니까 ~
Er, let me see ~

Let me는 실제 회화에서는 Lemme[렘미]처럼 들린다.

말하고 싶은 것이 있는데 좀처럼 적절한 말이 떠오르지 않을 때는 위와 같은 표현을 이용해서 생각할 시간을 갖는다. 연구에 따르면 원어민과의 대화에서 침묵의 허용 시간은 5초 정도이므로 그 사이에 무슨 말이든 해 보도록 하자.

🔹 **Excuse me, but do you know a shop that sells dolls near here?**
익스큐-즈 미 벗 드유 노우 어 샵- 댓 쎌즈 돌-즈 니어- 히어-

🔹 **Er, let me see... I think there's one next to that tall building.**
어- 렘미 씨- 아이 띵크 데어-저 원 넥스트 트 댓 톨- 빌딩

⟩⟩⟩ 실례지만, 이 근처에 인형을 파는 가게가 있나요? | 음, 그러니까 저 큰 건물 옆에 하나 있는 것 같아요.

PATTERN 76
맞장구 할 때

정말!
Really!

부사 really는 단독으로 쓰이기도 하고 수식어로도 자주 쓰이는 것이므로 어법과 발음을 확실히 알아둘 필요가 있다. r 발음은 혀를 윗잇몸에 대지 않고 발음하고, l 발음은 혀끝을 윗잇몸에 대고 발음한다.

상대가 말을 하고 있을 때 듣는 쪽에서 잠자코 있으면 대화를 진행하는데 어려움이 있다. 적당한 맞장구는 대화를 원활하게 해준다. 다만 지나치게 많이 하면 대화가 자꾸 끊기므로 적당하게 하는 것이 좋다.

🔹 **I bought this ticket at half price.**
아이 보-트 디스 티켓 앳 하프 프롸이스

🔹 **Really!**
뤼얼리

⟩⟩⟩ 이 티켓을 반 값에 샀어. | 정말!

PATTERN 77
대화를 끝낼 때

이제 그만 가봐야 되겠어요.
I'm afraid I must go now.

I'm / afraid / I / must / GO / now.라고 go를 길고 세게 발음한다.

대화를 끝낼 때는 위와 같이 말하고 나서 Nice talking to you. 또는 I enjoyed talking with you. 등 대화가 즐거웠다고 말한다. 또한 다른 용무가 있다고 말하는 등 상대를 배려하는 표현이 자주 쓰인다.

🙋 **It's getting dark. I'm afraid I must go now.**
이츠 게링 닥-   아임 어프뤠잇 아이 머스트 고우 나우

🙋 **Can't you stay for dinner?**
캔츄 스테이 포- 디너-

>>> 날이 어두워지네. 이제 그만 가봐야겠어. | 저녁 먹고 가면 안 되겠어?

PATTERN 78
감사할 때

고마워요.
Thank you.

Thank의 th 발음은 윗니와 아랫니 사이에 혀끝을 가볍게 대고 [스]라고 발음하면 마찰된 무성음이 나오는데 이것이 th 발음이다.

고맙다는 말로는 Thank you.가 가장 일반적이다. Thank you.는 어떤 상황에서나 쓸 수 있지만, 같은 Thank you.라도 정중한 느낌으로 사용할 때는 Thank 쪽을 세게, you를 내려서 발음하고, '네' 정도의 단순한 의미일 때는 Thank은 거의 들리지 않을 정도로 가볍게 발음하고 you를 세게 올려서 말한다.

🙋 **Your flight is boarding from gate number five, ma'am.**
유어- 플라잇 이즈 보-딩 프뤔 게이트 넘버- 파이브 매앰

🙋 **I see. Thank you.**
아이 씨- 땡큐

>>> 손님 비행기는 5번 게이트에서 탑승하시게 됩니다. | 알겠습니다. 고맙습니다.

PATTERN 79
감사의 인사에 대답할 때

천만에요.

Not at all.

단숨에 한 단어처럼 발음하는 게 요령이다. Not / at / all.[나댓올—]이라고 [올] 부분을 약간 길게 발음한다.

Thank you.에 대해서는 Not at all.이나 You are welcome. 외에도 Uh-huh. / Sure. / Anytime. / It's nothing. / Forget it. / You bet. / Don't mention it. 등 여러 가지 대답을 생각할 수 있다. 상황에 따라 구별해서 사용해 보자.

Thanks for helping me with my order.
땡스 포- 헬핑 미 윗 마이 오-러

Not at all.
나댓올

〉〉〉 주문하는 걸 도와 줘서 고마워요. | 별 말씀을요.

PATTERN 80
칭찬할 때

~가 멋지다!

What (a) ~ !

예를 들어 What a night!은 [와러나-잇]으로 What은 약간 가볍게 night은 길고 분명하게 발음하는 것이 요령이다.

사소한 것이라도 칭찬을 해주면 대화의 실마리를 찾을 수 있다. 상대에게 칭찬 받으면 지나치게 겸손해 하지 말고 Thank you.라고 솔직히 대답하면 된다.

What a beautiful hotel!
와러 뷰-리펄 호우텔

It sure is.
잇 슈어-이즈

〉〉〉 호텔 멋지다! | 정말 그래.

PATTERN 81
격려할 때

잘 했어요(, 자 이제는 ~)
Well done! (Now ~)

주의해야 할 발음은 Well의 w발음과 done의 o발음이다. w는 입술을 둥글게 내밀고 짧게 [우]라고 발음하고, done[던]의 o는 입술을 약간 옆으로 벌리고 [어]라고 발음하는 것이 요령이다.

상대를 격려할 때 쓸 수 있는 표현 몇 가지를 알아두자. 운동경기에서 지고 있는 사람에게는 Come on!, 우울한 사람에게는 Cheer up!, 여행을 떠나는 사람에게는 Good luck!나 All the best!라고 한다.

🙋 **I've finally found a date for the dance tomorrow night.**
아이브 퐈이널리 퐈운드 어 데잇 포- 더 댄스 트머-뤄우 나잇

🙋 **Well done!**
웰 던

>>> 내일 밤 댄스파티에 같이 갈 파트너를 드디어 구했어. | 잘 됐다!

PATTERN 82
축하할 때

축하해요!
Congratulations!

Congratulations는 [컨그래-츌레이션즈]라고 Co-를 약간 세게 말하고, -la- 부분을 세게 발음한다.

Congratulations!는 여러 장면에서 사용할 수 있고 구체적인 사건에 대해 축하할 때는 Congratulations on ~! 형식으로 한다. 복수형을 쓴다는 점에 주의하자.

🙋 **I won a trip to Bali.**
아이 원 어 츄립 트 발리

🙋 **That's great. Congratulations!**
대츠 그뤠잇　　컨그래-츌레이션즈

>>> 나 발리 여행에 당첨됐어. | 잘 됐다. 축하해!

PATTERN 83
사과할 때

죄송해요.
I'm sorry.

일반적으로 I'm SOrry.처럼 sorry의 o 부분을 세게 발음하지만 자신의 잘못을 강조할 때는 I'M sorry.라고 앞부분을 세게 발음한다.

사과할 때의 가장 일반적인 표현은 I'm sorry.이다. 단 자동차 사고 등의 당사자일 때 이렇게 말하면 책임을 인정하는 것으로 간주되어 법적인 책임을 져야 하는 일도 있으므로 주의해야 한다. 한편 Excuse me.는 사소한 실례(예를 들면 지나가는 사람의 발을 밟거나 하는 등)를 사과할 때 쓴다.

🙂 **You have the wrong number.**
유 해브 더 뤙 넘버-

🙂 **Oh, I'm sorry.**
오우 아임 쏘뤼

⟫⟫ 전화 잘못 거셨어요. | 아, 죄송해요.

PATTERN 84
사과를 받아줄 때

괜찮아요.
That's quite all right.

all right은 띄어서 발음하지 말고 [올롸잇]처럼 한 단어처럼 발음한다.

I'm sorry.라고 사과할 때는 먼저 '괜찮다.' 라는 의미의 말을 건넨다. 그 때 말에 신경을 써서 표정이 굳어 있으면 자신의 마음이 상대에게 잘 전달되지 않는다. 사과를 받아 들일 수 없는 경우라면 말없이 '받아줄 수 없다' 라는 표정만 짓고 있으면 될 것이다.

🙂 **I'm sorry I'm late.**
아임 쏘뤼 아임 레이트

🙂 **Um... That's quite all right.**
엄   대츠 콰이트 올롸잇

⟫⟫ 늦어서 미안해. | 뭐… 괜찮아.

PATTERN 85
걱정을 말할 때

~가 걱정이다.
I'm worried about ~.

I'm WORried / about ~처럼 wo-를 분명하고 세게 발음한다. w는 입술을 내밀고, o는 입술을 약간 양옆으로 벌리고 [어]라고 발음한다.

막연하게 '걱정된다.'는 I'm worried.라고 하지만 구체적으로 '~가 걱정된다.' 라고 할 때는 I'm worried about ~처럼 뒤에 전치사구를 붙인다. 또한 염려를 나타내는 I wonder if he is okay.(그는 괜찮을까 모르겠어.)라는 표현도 알아두자.

🧑 **I'm worried about** my children. I shouldn't have left them alone.
아임 워-뤼드 어바웃 마이 췰드뤈   아이 슈든해브 레프트 뎀 얼로운

👩 Don't worry. They should be doing all right.
도운 워-뤼   데이 슛비 두잉 올- 롸잇

>>> 애들이 걱정 돼. 애들만 두고 오지 말았어야 했는데. | 걱정 마. 괜찮을 거야.

PATTERN 86
동정할 때

~했다니 안 됐네요.
I'm sorry to hear ~.

요령은 I'm SOrry / to hear ~라고 -so-부분을 길고 세게 발음한다.

동정하는 표현은 많지만 심각한 장면에서 가벼운 느낌의 표현을 사용하지 않도록 주의하자. That's a shame. / What a pity! 등은 대수롭지 않은 일에 쓰이는 표현이므로 큰일을 당한 사람에게 쓰는 것은 부적절하다.

🧑 **I'm sorry to hear** that your proposal has been rejected.
아임 쏘뤼 트 히어- 댓 유어- 프뤄포우절 해즈 비인 뤼젝티드

👩 I'm not surprised.
아임 낫 써-프라이즈드

>>> 네 제안이 부결됐다니 안 됐다. | 어느 정도 예상은 했어.

PATTERN 87
놀랐을 때

정말 놀랍네요.
That's very surprising.

surprising은 surPRISing으로 -pris- 부분을 길고 세게 발음한다.

놀랐을 때는 표현뿐만 아니라 어투, 표정이나 인토네이션도 놀란 감정을 나타내는 중요한 요소이다. 몸짓이나 손짓을 섞어가며 다소 과장될 정도로 표현하는 것이 상대에게 잘 전달된다.

🙍 **Did you hear that John got the chairmanship?**
디쥬 히어- 댓 쫜 갓 더 췌어먼쉽

🙎 **Against all odds? That's very surprising.**
어겐스트 올- 어즈   대츠 베뤼 써-프라이징

⟩⟩⟩ 존이 의장이 됐다는 얘기 들었어? | 모두의 예상을 뒤엎고? 정말 놀랍다.

PATTERN 88
주의 경고할 때

조심해!
Look(Watch) out!

Look이나 Watch 보다는 뒤의 out을 세게 말하며 두 단어를 이어서 [루카웃] [워챠웃]이라고 단숨에 말하는 게 요령이다.

주의를 촉구하거나 경고할 때는 군더더기 단어를 모두 생략하고 필요한 단어(동사나 명사)만을 분명한 어조로 말하는 것이 중요하다. 순간적인 주의를 촉구할 때는 Look(Watch) out!을 사용하지만 막연하게 주의 또는 조심하라고 할 때는 Be careful!이라고 한다. 또한 다소 격의 없이 말할 때는 Take care.를 쓴다.

🙍 **Look out! There's a car coming!**
루카웃   데어-저 카- 커밍

🙎 **Thank you for telling me. It was close.**
땡큐 포- 텔렝 미   잇 워즈 클로우즈

⟩⟩⟩ 조심해! 차 온다! | 알려줘서 고마워. 아슬아슬했어.

PART 2

실전 활용

상황별
영어회화 표현

01. 좌석 찾기 02. 음료·식사 서비스 03. 기내 표현 04. 비행기 갈아타기 0
09. 최종 목적지로 이동 10. 마중·배웅 11. Let's Talk!

Chapter 1

기내·도착

의 문제 06. 입국심사·수하물 찾기 07. 세관검사·환전 08. 수하물 분실

좌석 찾기

제 탑승권 여기 있어요.	**Here's my boarding pass.** 히어-즈 마이 보-딩 패-스
31A 좌석이 어디죠?	**Where's seat 31A?** 웨어-즈 씨잇 떠-뤼원 에이
실례지만, 제 좌석이 어디죠?	**Excuse me, but where's my seat?** 익스큐-즈 미 벗 웨어-즈 마이 씨잇
창문(통로) 쪽 좌석입니다.	**It's the window(aisle) seat.** 잇츠 더 윈도우(디 아일) 씨잇
이쪽 통로로 가세요.	**Use this aisle, please.** 유-즈 디스 아일 플리이즈
좀 지나가도 되겠어요?	**Excuse me. May I go through?** 익스큐-즈 미 메아이 고우 뜨루-
저기가 제 좌석인데, 안쪽으로 들어가도 되겠어요?	**That's my seat. Could I get in?** 대츠 마이 씨잇 크다이 게-린-
실례지만, 제 좌석에 앉아 계신 것 같은데요.	**Excuse me, but I think you're sitting in my seat.** 익스큐-즈 미 벗 아이 띵크 유아- 씨-링 인 마이 씨잇

PART 2 실전활용: 상황별 영어회화 표현

제 좌석 같은데. 탑승권을 볼 수 있어요?	**I think this is my seat. Could I see your boarding pass?** 아이 띵크 디스 이즈 마이 씨잇 크다이 씨- 유어 보-딩 패-스
좌석을 바꿔 주시겠어요? 통로 쪽 좌석이 좋아서요.	**Would you mind exchanging seats? I prefer the aisle seat.** 으쥬 마인 익스췌인쥥 씨-츠 아이 프뤼풔- 디 아일 씨잇
담요와 베개 좀 갖다 주시겠어요?	**May I have a blanket and a pillow, please?** 매아이 해버 블랭-킷 앤 어 필로우 플리-즈
머리 위 전등은 어떻게 켜죠?	**How do I turn on the overhead light?** 하우 드아이 터언 온 디 오우버-헷 라이트
의자 좀 뒤로 젖혀도 괜찮겠어요?	**Do you mind if I put my seat back?** 드유- 마인 이파이 풋 마이 씨잇 백-
좌석벨트를 매 주세요.	**Fasten your seat belt, please.** 패쓴 유어- 씨잇 벨트 플리이즈
좌석을 바로 해 주세요.	**Put your seat back upright, please.** 풋 유어- 씨잇 백 업롸잇- 플리이즈

음료·식사 서비스

마실 걸 드릴까요?	**Would you care for a drink?** 으쥬 케어-포-러 드륑크
어떤 음료가 있어요?	**What kind of beverages do you have?** 왓 카인돕 베버뤼쥐스 드유 햅
다이어트 음료 없어요?	**Do you have any diet drinks?** 드유- 햅 에니 다이엇- 드륑스
무료로 주는 술 있어요?	**Do you have complimentary alcoholic drinks?** 드유- 햅 컴-플리먼터리 앨커홀-릭 드륑스
스카치위스키에 물을 타 주세요.	**I'd like a Scotch and water, please.** 아이들 라이커 스카-취 앤 워-러 플리즈
맥주 한 병 더 마셔도 되겠어요?	**Could I have another beer?** 크다이 햅 어너더- 비어-
콜라 한 잔 더 주시겠어요?	**May I have another coke?** 메이 아이 햅 어너더- 코우크
닭고기와 쇠고기 중 어떤 걸 드시겠어요?	**Would you like chicken or beef?** 으쥬- 라익 취킨 오- 비-프

PART 2 실전활용; 상황별 영어회화 표현

조금 더 먹고 싶은데요. 남은 음식이 있어요?	**I'm still hungry. Do you have a leftover meal?** 아임 스틸- 헝그뤼 드유- 해-버 레프트오우버- 미일
디저트는 뭘 드시겠어요?	**What would you like for dessert?** 왓 으쥬- 라익 포- 디져-트
커피를 드릴까요, 홍차를 드릴까요?	**Coffee or tea?** 커-퓌 오- 티-
크림을 넣어 드릴까요, 설탕을 넣어 드릴까요?	**Cream or sugar?** 크뤼임- 오- 슈거-
식사 다 하셨어요?	**Have you finished?** 해-뷰- 퓌니쉬트
홍차를 한 잔 더 마셔도 돼요?	**May I have another cup of tea?** 메아이 햅 어너더- 컵 오브 티-
이걸 좀 치워 주시겠어요?	**Could you take this away?** 크쥬- 테익-디스 어웨이

기내 표현

샌프란시스코에 몇 시에 도착하죠?	**What time do we arrive in San Francisco?** 왓타임 드위 어롸이-빈 쌘- 프뤈씨스코우
현지 시간으로 11시에 도착합니다.	**We'll arrive at 11 o'clock local time.** 위일 어롸이-뱃 일레븐 어클락 로우컬 타임
제시간에 도착하나요?	**Are we going to arrive on time?** 아- 위 고우잉 트 어롸이-본 타임
이 비행기는 얼마나 늦어집니까?	**How long will this flight be delayed?** 하울롱 윌 디스 플라잇- 비 딜레이드
식사는 몇 시에 나오죠?	**What time do you serve the meal?** 왓 타임 드유- 써-브 더 미일
이 영화는 몇 시부터 상영됩니까?	**What time does the movie start?** 왓 타임 더즈 더 무-비 스타-앗-
오늘의 영화는 뭔가요?	**What's today's movie?** 와츠 트데이즈 무-비
한국어 잡지 없어요?	**Do you have any Korean magazines?** 드유- 햅 에니 코뤼-언 매-거즌-스

PART 2 실전활용: 상황별 영어회화 표현

춥(덥)습니다.	**I feel chilly(hot).** 아이 퓔- 췰리(핫)	
창 가림막을 내려 주시겠어요?	**Could you pull the shade down?** 크쥬- 푸울 더 쉐이드 다운	
이것을 머리 위 짐칸에 넣어 주시겠어요?	**Could you put this in the overhead compartment?** 크쥬 풋 디스 인 디 오우버-헷 컴파-트먼트	
가능하면 금연석으로 바꿀 수 있어요?	**Can I change to a seat in the non-smoking section, if possible?** 캐나이 췌인쥐 트 어 씨잇 인 더 난 스모-킹 쎅션 이프 파써블	
좌석벨트를 매라는 표시등이 들어 왔습니다.	**The fasten seat belt sign is on.** 더 패쓴 씨잇벨트 싸인 이즈 온	
자기 좌석으로 돌아가 주시겠어요?	**Could you return to your seat, please?** 크쥬- 뤼터언 트 유어- 씨잇 플리이즈	
이 좌석벨트 매는법 좀 알려 주시겠어요?	**Could you show me how to fasten this seat belt?** 크쥬- 쇼우 미 하우 트 패쓴 디스 씨잇 벨트	

비행기 갈아타기

노스웨스트항공 770편으로 갈아타려고 해요.	**I'm connecting to Northwest Flight 770.** 아임 커넥팅 트 노-쓰웨스트 플라잇 쎄븐 쎄븐 지로우
갈아탈 비행기의 탑승구가 어디죠?	**Where is the gate for the connection flight?** 웨어-리즈 더 게잇- 포- 더 커넥션 플라잇
53번 게이트로 가세요.	**Go to gate 53, please.** 고우 트 게잇 피프티 뜨뤼- 플리이즈
통과하는 승객용 휴게소가 어디죠?	**Where is the lounge for transit passengers?** 웨어-리즈 더 라운쥐 포- 트랜-짓 패-씬쥐-스
환승까지 얼마나 머물게 되죠?	**How long is the transit time?** 하울롱 이즈 더 트랜짓 타임
기내에 있어도 돼요?	**Can I remain on the plane?** 캐나이 뤼메인 온 더 플레인
짐을 기내에 두어도 돼요?	**Can I leave my baggage on the plane?** 캐나이 리-브 마이 배-기쥐 온 더 플레인
2A 터미널로 어떻게 가죠?	**How can I go to the terminal 2A?** 하우 캐나이 고우 트 더 터-미널 투-에이

PART 2 실전활용: 상황별 영어회화 표현

'갈아타는 곳' 이라고 표시된 저 표지판을 따라 가세요.	Follow that sign mark 'TRANSFER'. 팔로우 댓 싸인 마크 트뢘스퍼-
저 모니터에서 확인하세요.	You can check it on those monitors. 유 갠 췌-킷 온 도우즈 모-니터-즈
아래층으로 가셔서 버스를 타세요.	Go downstairs and take a bus. 고우 다운스테어-즈 앤 테이-커 버스
연결 편을 놓쳤는데, 어떻게 해야 하죠?	I've missed my connecting flight. What can I do? 아이브 미쓰트 마이 커넥팅 플라잇 왓 캐나이 두
다음 비행기를 잡아 드릴게요.	We'll put you on the next flight. 위월 푸츄 온 더 넥스트 플라잇
다른 편을 알아봐 주세요.	Please check the other flight. 플리이즈 췍 디 아더- 플라잇
제 탁송화물은 어떻게 해야 하죠?	What should I do with my checked baggage? 왓 슈다이 두 윗 마이 췍트 배-기쥐

05 기내에서의 문제

헤드폰이 없어요.	**I don't have a headset.** 아이 도운 해-버 헤드쎗
헤드폰이 고장입니다.	**The headset doesn't work.** 더 헤드쎗 더즌 워억
화면이 잘 안 보여요.	**It's difficult to see the screen.** 이츠 디퓌컬트 트 씨- 더 스크륀-
몸이 좀 안 좋아요.	**I feel sick. / I'm not feeling well. / I don't feel well.** 아이 퓔- 씩 / 아임 낫 퓔-링 웰- / 아이 도운 퓔- 웰-
어디가 안 좋으세요?	**What's the problem?** 와츠 더 프롸-블럼
머리가 아파요.	**I have a headache.** 아이 해-버 헤데이크
속이 울렁거려요.	**I feel nauseated.** 아이 퓔- 너-지에이티드
토할 것 같아요.	**I feel like throwing up.** 아이 퓔- 라익 뜨로-잉 업

PART 2 실전활용: **상황별 영어회화 표현**

비행기 멀미 같군요.	**It's probably airsickness.**	
	이츠 프러-버블리 에어-씨크니스	

멀미 봉지 어디 있어요?	**Where is the airsickness bag?**
	웨어-리즈 디 에어-씨크니스 백

멀미약 좀 주시겠어요?	**Can I have some medicine for nausea?**
	캐나이 햅 썸 메드슨 포- 노-지어

다른 화장실은 어디 있어요?	**Where is the other lavatory?**
	웨어-리즈 디 아더- 래-버토-뤼

실례지만 배 아픈데 먹는 약 있어요?	**Excuse me, but do you have medicine for stomachache?**
	익스큐-즈 미 벗 드유- 햅 메드슨 포- 스터미에익-

체한 것 같아요.	**My stomach is a bit upset.**
	마이 스터믹 이즈 어 빗 업쎗

아스피린 없나요?	**Do you have any aspirin?**
	드유- 햅 에니 애-스프륀

약을 갖다 드릴게요.	**I'll bring you some medicine.**
	아일 브륑 유- 썸 메드슨

06 입국심사·수하물 찾기

여권을 보여 주세요.	**Your passport, please.** 유어- 패-스포-엇 플리즈
최종목적지가 어디에요?	**What's your final destination?** 와츠 유어-퐈이널 데스티네이션
일행이 몇 분이세요?	**How many are there in your party?** 하-메니 아- 데어- 인 유어- 파-리
방문 목적은 무엇인가요?	**What's the purpose of your visit?** 와츠 더 퍼-퍼스 오브 유어- 비짓-
관광(출장)입니다.	**(I'm here for) Sightseeing(Business).** (아임 히어- 포-) 싸잇씨-잉(비즈너스)
얼마 동안 체류하세요?	**How long are you going to stay?** 하울롱 아- 유- 고우잉 트 스테이
1주일 정도입니다.	**About one week.** 어바웃- 원 위익
뉴욕 어디서 체류하실 건가요?	**Where are you going to stay in New York?** 웨어- 아- 유 고우잉 트 스테이 인 뉴-욕

PART 2 실전활용: 상황별 영어회화 표현

노스웨스트 707편 수하물 찾는 데가 어디죠?	**Where can I pick up luggage from Northwest Flight 707?** 웨어- 캐나이 피-컵 러기쥐 프럼 노-쓰웨스트 플라잇 쎄븐 지로우 쎄븐
그게 어디 있어요?	**Can you tell me where that is? / Where can I find it?** 캐뉴 텔- 미 웨어- 댓 이즈 / 웨어- 캐나이 파인- 잇
수하물표를 봐도 되겠어요?	**May I see your baggage claim ticket?** 메아이 씨- 유어 배-기쥐 클레임 티킷
수하물 카트는 없나요?	**Are there any baggage carts?** 아- 데어- 에니 배-기쥐 카앗-츠
저기 벽 쪽에 있어요.	**Over there against the wall.** 오우버- 데어- 어겐스트 더 월-
이 카트를 택시 승차장까지 갖고 나가도 돼요?	**Can I take this cart out to the taxi stand?** 캐나이 테익- 디스 카앗- 아웃- 트 더 택-씨 스탠-
카트는 여기에 두셔야 합니다.	**You have to leave your cart here.** 유- 햅트 리-브 유어- 카앗 히어-

Chapter 1 *기내도착* 78 | 79

세관검사·환전

여권과 세관신고서를 보여 주세요.	**Your passport and declaration card, please.** 유어- 패-스포엇- 앤 데클러뤠이션 카-드 플리이즈
신고하실 물건은 없나요?	**Do you have anything to declare?** 드유 햅 에니띵 트 디클레어-
신고할 물건은 없습니다.	**I don't have anything to declare.** 아이 도운 햅 에니띵 트 디클레어-
술 또는 담배는 안 갖고 계시나요?	**Do you have any alcohol or cigarettes?** 드유- 햅 에니 앨-커홀- 오- 씨거뤠츠
이것들은 전부 개인용품입니다.	**These are all personal effects.** 디-즈 아- 올 퍼-스널 이펙스
친구에게 줄 조그만 선물이 있어요.	**I have a small gift for my friend.** 아이 해-버 스몰- 기프트 포- 마이 프렌-
값이 대략 얼마나 되죠?	**What is the approximate value?** 왓 리즈 디 어프롹-씨멋 밸류-
외화는 얼마나 갖고 계세요?	**How much foreign currency do you have?** 하-머취 풔-뤈 커-뤈씨 드유- 햅

은행은 몇 시까지 열죠?	**How late are the banks open?** 하우 레이트 아- 더 뱅-스 오우픈
이 근처에 환전소가 있나요?	**Is there a money change around here?** 이즈 데어-러 머니 췌인쥐 어롸운- 히어-
한국 원화를 달러로 바꾸고 싶은데요.	**I'd like to change Korean won into dollars, please.** 아이들 라익 트 췌인쥐 코뤼-언 원 인트 달-러-즈 플리즈
얼마나 환전하시겠어요?	**How much would you like to change?** 하우 머취 으쥬- 라익 트 췌인쥐
오늘 환율이 어떻게 되죠?	**What's the exchange rate today?** 와츠 디 익스췌인쥐 뤠잇- 트데이
수수료가 얼마죠?	**How much is the exchange fee?** 하-머취 이즈 디 익스췌인쥐 퓌-
잔돈도 섞어 주시겠어요?	**Could you include some small change?** 크쥬- 인클룻 썸 스몰- 췌인쥐
10달러짜리 지폐로 주세요.	**In ten dollar bills, please.** 인 텐 달-러- 빌-즈 플리즈

08 수하물 분실

제 짐을 찾을 수가 없어요.	**I can't find my baggage.**
	아이 캔트 퐈인- 마이 배-기쥐

제 가방이 안 나왔어요.	**My suitcase didn't come out.**
	마이 수웃케이스 디든 컴 아웃

수하물표를 볼 수 있어요?	**Could I see your baggage tag?**
	크다이 씨- 유어- 배-기쥐 택-

가방이 하나 없어졌어요. 분실물 접수창구가 어디죠?	**One of my bags is missing. Where is the counter for lost baggage?**
	원 오브 마이 백-스 이즈 미씽 웨어-리즈 더 카운터- 포- 로-스트 배-기쥐

가방이 무슨 색입니까?	**What color is your bag?**
	왓 컬러- 이즈 유어- 백-

가방에 성함과 주소가 쓰인 이름표가 있습니까?	**Does your bag have a tag with your name and address?**
	더즈 유어- 백- 해-버 택- 윗 유어- 네임 앤 애-드뤠스

내용물 명세를 갖고 계세요?	**Do you have an itemized list of the contents?**
	드유 해-번 아이트마이즈드 리스트 오브 더 컨텐츠

PART 2 실전활용: **상황별 영어회화 표현**

찾으면 즉시 연락해 주세요.	**Please contact me immediately when you find it.**
	플리이즈 컨택트 미 이미-디엇틀리 웬 유 퐈인 잇

당신 가방은 로스앤젤레스에 남아 있어요.	**Your bag was left behind in Los Angeles.**
	유어- 백- 워즈 레프트 비하인- 인 로-스 앤-줼러스

가방은 오후 비행기로 올 겁니다.	**It'll be coming in on the afternoon flight.**
	잇일 비 커밍 인 온 디 애-프터-누운 플라잇

힐튼호텔에 묵을 겁니다.	**I'm staying at the Hilton Hotel.**
	아임 스테잉 앳 더 힐튼 호우텔

오전 중에 그곳으로 보내 드릴게요.	**We'll have your bag delivered there in the morning.**
	위일 해-뷰어 백- 딜리버-드 데어- 인 더 모-닝

제 짐이 파손됐어요.	**My baggage was damaged.**
	마이 배-기쥐 워즈 데미쥐드

항공사에서 변상해 줍니까?	**Will the airline pay the cost?**
	월 디 에얼라인 페이 더 코-스트

최종 목적지로 이동

여기서 시내로 가려면 어떤 방법이 제일 좋아요?	**What's the best way to get downtown from here?** 와츠 더 베스트 웨이 트 겟 다운타운 프뤔 히어-
쉐라톤 호텔까지 어떻게 가는 게 가장 쌉니까?	**What's the cheapest way to get to the Sheraton?** 와츠 더 취-피스트 웨이 트 게-트 더 쉐뤼턴
시내로 가는 버스가 있나요?	**Is there a bus downtown?** 이즈 데어-러 버스 다운타운
공항버스가 힐튼 호텔 근처에 정차합니까?	**Does the airport limousine stop near the Hilton Hotel?** 더즈 디 에어-포엇 리므진- 스탑- 니어- 더 힐튼 호우텔
셔틀버스는 하워드 인에 정차합니까?	**Does the shuttle stop at the Howard Inn?** 더즈 더 서틀 스탑- 앳 더 하워-드 인
근처에 있는 홀트 하우스에 정차합니다.	**It stops at the Holt House, which is nearby.** 잇 스탑-스 앳 더 홀트 하우스 위취 이즈 니어-바이
공항버스 요금은 얼마죠?	**How much does the airport limousine cost?** 하우 머취 더즈 디 에어-포엇 리므진- 코-스트

PART 2 실전활용: 상황별 영어회화 표현

여기가 시내로 가는 셔틀 버스 표를 사는 곳입니까?	**Is this where I get tickets for the downtown shuttle?** 이즈 디스 웨어- 아이 겟 티키츠 포- 더 다운타운 셔틀
공항버스 요금은 얼마죠?	**How much does the airport limousine cost? / How much is the airport limousine?** 하-머취 더즈 디 에어-포엇 리므진- 코-스트 / 하-머취 이즈 디 에어-포엇 리므진-
다음 셔틀버스는 언제 있어요?	**When is the next shuttle?** 웨-니즈 더 넥스트 셔틀
가방을 몇 개 갖고 계세요?	**How many pieces of luggage do you have?** 하우 메니 피-씨즈 오브 러기쥐 드유- 햅
숄더백은 갖고 탈 게요.	**I'll keep the shoulder bag with me.** 아일 키입 더 쇼울다- 백- 윗 미
언제 출발하죠?	**When will you be leaving?** 웬 윌 유 비 리-빙
우리 택시를 합승해서 요금을 나누어 낼까요?	**Shall we share a taxi and split the fare?** 샬위 쉐어-러 택-씨 앤 스플릿 더 풰어-
어디로 가세요?	**Where are you going?** 웨어- 아- 유 고우잉
저도 시내로 가는데, 택시를 합승하면 안 될까요?	**I'm going downtown, too. Do you think we could share a taxi?** 아임 고우잉 다운타운 투- 드유- 땡크 위 쿳 쉐어-러 택-씨

Chapter 1 **기내·도착**

마중·배웅

실례지만, 신 선생님이세요?	**Excuse me, are you Mr. Shin?** 익스큐-즈 미 아- 유- 미스터- 신
베이커 씨, 뵙게 되어 반갑습니다.	**I'm glad to meet you, Ms. Baker. / It's a pleasure to meet you, Ms. Baker.** 아임 글랫-트 미츄 미즈 베이커- / 이처 플레줘- 트 미츄 미즈 베이커-
저도 반갑습니다.	**It's my pleasure.** 이츠 마이 플레줘-
수전이라고 부르세요.	**Please call me Susan.** 플리이즈 콜- 미 수-전
미국에 정말 잘 오셨어요.	**It's really nice to have you visit America.** 이츠 뤼-얼리 나이스 트 해-뷰 비짓- 어메뤼카
제가 짐을 들어 드릴까요?	**Can I carry your suitcase?** 캐나이 캐-뤼 유어- 수웃케이스
이걸 좀 들어 주시겠어요?	**Would you mind carrying this one?** 으-쥬 마인- 캐-륑 디스 원
괜찮아요. 제가 들지요.	**That's OK, I've got it.** 대츠 오우케이 아이브 가릿

*PART 2 실전활용: **상황별 영어회화 표현***

만나서 반가웠어요.	**It was nice meeting you.**	
	잇 워즈 나이스 미-링 유	
저 역시 뵙게 되어 기뻤습니다.	**I enjoyed meeting you, too.**	
	아이 인조이드 미-링 유 투-	
배웅 나와 주어서 고마워요.	**Thank you for coming to see me off.**	
	땡큐- 포- 커밍 트 씨- 미 오프	
공항까지 태워다 주셔서 고마워요.	**Thank you for the ride to the airport.**	
	땡큐- 포- 더 라이드 트 디 에어-포엇	
언제 다시 오시길 바라겠어요.	**I hope you'll come back sometime.**	
	아이 호웁 유일 컴 백- 썸타임	
도착하시는 대로 연락 주세요.	**Give us a call as soon as you get there.**	
	기-브스 어 콜- 애-즈 쑨 어즈 유 겟 데어-	
다음에 한국에 오시면 전화 주세요.	**Give me a call next time you come to Korea.**	
	김-미어 콜- 넥스트 타임 유 컴 트 코뤼-아	
톰에게 작별인사 전해 주세요.	**Please tell Tom good-bye for me.**	
	플리이즈 텔- 톰 구웃바이 포-미	
이제 가서 탑승수속을 해야겠어요.	**I'd better go and check in now.**	
	아이드 베러- 고우 앤 췌-킨 나우	

Chapter 1 *기내·도착*

LET'S TALK!

현장에서 원어민과 대화한다고 생각하고 말하기 연습을 해 보세요. 먼저 전체 대화 내용을 듣고, 신호음이 들리면 앞에 나온 표현을 그대로 이용하거나 응용해서 우리말 부분을 영어로 말해 보세요.

SCENE 01 mp3 099 : 좌석을 찾을 때

- (showing the boarding pass) 제 좌석이 어디죠?
- It's over there. Use the next aisle, please.
- 고마워요.

해석 · 스크립트
M: (탑승권을 보이며) Where is my seat? | W: 저쪽입니다. 다음 통로로 가세요. | M: Thank you.

SCENE 02 mp3 100 : 좌석에 앉을 때

- 실례지만, 여기 제 좌석 같은데요. 탑승권을 볼 수 있어요?
- (looking at the boarding pass) Oh, sorry. My seat is H.
- 안쪽으로 들어가도 되겠어요?
- Sure, go ahead.
- Thank you.

해석 · 스크립트
M: Excuse me, but I think this is my seat. Could I see your boarding pass? | W: (탑승권을 보며) 죄송해요. 제 좌석은 H군요. | M: Could I get in? | W: 그러세요. | M: 고마워요.

SCENE 03 mp3 101 : 이륙할 때

- Please fasten your seat belt.
- (fastens the seat belt)

PART 2 실전활용: 상황별 영어회화 표현

🧑‍✈️ Put your seat back upright, please.

🧑 이러면 됐어요?

🧑‍✈️ Sure. Please put your bag under the seat.

> **해석 스크립트**
> W: 좌석벨트를 매 주세요. | M: (좌석벨트를 맨다) | W: 좌석을 바로 해 주세요. | M: Is this all right? | W: 네, 가방을 좌석 밑에 넣어 주세요.

SCENE 04 _음료를 부탁할 때_ (mp3 102)

🧑‍✈️ Would you care for something to drink?

🧑 스카치위스키에 물을 타 주세요.

🧑‍✈️ Here you are.

🧑 Thank you.

> **해석 스크립트**
> W: 음료 드시겠어요? | M: Scotch and water, please. | W: 여기 있습니다. | M: 고마워요.

SCENE 05 _식사를 부탁할 때_ (mp3 103)

🧑‍✈️ Would you like chicken or beef?

🧑 쇠고기로 주십시오. ... (After a while)

🧑‍✈️ Coffee or tea?

🧑 Coffee, please.

🧑‍✈️ Cream or sugar?

🧑 아뇨, 됐어요.

> **해석 스크립트**
> W: 닭고기와 쇠고기 중 어떤 걸 드시겠어요? | M: Beef, please. (잠시 후) | W: 커피를 드릴까요, 홍차를 드릴까요? | M: 커피 주세요. | W: 크림을 넣어 드릴까요, 설탕을 넣어 드릴까요? | M: No, thank you.

Chapter 1 **기내·도착**

SCENE 06 ː 도착시간을 물을 때

🧑 **The fasten seat belt sign is on.**

👨 (fastening the seat belt) 제시간에 도착합니까?

🧑 **Yes, we'll arrive at 11 o'clock local time.**

> 해석 스크립트
>
> W: 좌석벨트를 매라는 등이 들어 왔습니다. | M: (좌석벨트를 매며) Are we arriving on time? | W: 네, 현지시간으로 11시에 도착합니다.

SCENE 07 ː 기내에서의 문제

👨 몸이 좀 안 좋아요.

🧑 **What's the matter?**

👨 속이 울렁거려요.

🧑 **It's probably airsickness. I'll bring some medicine for you.**

> 해석 스크립트
>
> M: I don't feel well. | W: 어디가 안 좋으세요? | M: I feel nauseated. | W: 비행기 멀미 같군요. 약을 갖다 드릴 게요.

SCENE 08 ː 비행기를 갈아탈 때

🧑 유나이티드 항공 580편으로 갈아타려고요.

👨 **It's at Gate 5. Go this way, please.**

🧑 **Thank you.**

> 해석 스크립트
>
> W: I'm connecting to United Flight 580. | M: 5번 게이트입니다. 이쪽으로 가세요. | W: 고마워요.

PART 2 실전활용: 상황별 영어회화 표현

SCENE 09 입국심사 받을 때
(mp3 107)

- What is the purpose of your visit?
- 관광입니다.
- How long are you going to stay?
- 2주 정도입니다.
- Where are you going to stay in New York?
- At the Westpark.

해석 | 스크립트

M: 방문하신 목적이 무엇인가요? | W: Sightseeing. | M: 얼마 동안 체류하세요? | W: About two weeks. | M: 뉴욕 어디서 묵으실 건가요? | W: 웨스트파크 호텔입니다.

SCENE 10 수하물 찾을 때
(mp3 108)

- 노스웨스트 707편 수하물을 어디서 찾을 수 있어요?
- Carrousel 3.
- 어디 있는지 가르쳐 줄래요?
- The one after this one.

해석 | 스크립트

W: Where can I pick up luggage from Northwest Flight 707? | M: 3번 수하물 컨베이어입니다. | W: Can you tell me where that is? | M: 이 컨베이어 다음에 있어요.

SCENE 11 세관검사 받을 때
(mp3 109)

- Do you have anything to declare?
- 없습니다. 전부 개인용품입니다.
- Do you have any alcohol or cigarettes?

🙍‍♀️ 없습니다.

> 해석 스크립트
>
> M: 신고하실 물건은 없나요? | W: No, sir. These are all personal effects. | M: 술이나 담배는 없나요? | W: No, sir.

SCENE 12 _{mp3 110} 환전할 때

🙍 한국 원화를 달러로 바꾸고 싶은데요.

🙍‍♀️ Sure. How much?

🙍 50만원입니다. 환율이 얼마죠?

🙍‍♀️ One dollar is 1199.80 won.

🙍 That's good.

> 해석 스크립트
>
> M: I'd like to change Korean won into dollars, please. | W: 네. 얼마나요? | M: Five hundred thousand won. What's the exchange rate? | W: 1달러에 1199원 80전입니다. | M: 좋아요.

SCENE 13 _{mp3 111} 수하물이 분실되었을 때

🙍 유나이티드 항공 812편을 이용했는데, 가방이 운반벨트에 나오지 않았어요.

🙍‍♀️ Could I see your baggage tag?

🙍 잠깐만요. 여기 있어요.

🙍‍♀️ Let me check on it. (pause) Your bag was left behind in San Francisco. It will be coming in on the next flight, which is tomorrow morning. Where are you staying?

🙍 페어필드가 2111번지에 묵을 겁니다.

🙍‍♀️ We'll have your bag delivered there in the morning.

PART 2 실전활용: 상황별 영어회화 표현

해석 스크립트

M: I was on UA Flight 812, but my bag didn't come out on the conveyer belt. | W: 수하물표를 볼 수 있겠습니까? | M: Just a minute. Here it is. | W: 좀 확인해 볼게요. (잠시 후) 손님 가방은 샌프란시스코에 남아 있어요. 내일 오전 비행기로 도착할 겁니다. 어디서 묵으실 겁니까? | M: I'm staying at 2111 Fairfield. | W: 오전 중에 그곳으로 보내 드리겠습니다.

SCENE 14 ː 교통편을 물을 때

- 여기서 시내로 가려면 어떤 방법이 제일 좋아요?
- You can take a taxi…. that costs about 40 dollars. There's an airport shuttle that makes several stops downtown.
- 셔틀버스 요금은 얼마죠?
- It costs 12 dollars one way or 20 dollars round trip.

해석 스크립트

M: What's the best way to get to the city from here? | W: 택시를 타셔도 되는데 40달러 정도 듭니다. 시내를 몇 군데 경유하는 공항 셔틀 버스가 있어요. | M: How much does the airport shuttle cost? | W: 편도는 12달러고 왕복은 20달러입니다.

SCENE 15 ː 택시를 합승할 때

- 택시를 타실 겁니까?
- Yes. I'm going to the Waterford Hotel.
- 제가 가려는 아네트 호텔 근처네요. 합승해서 요금을 나누어 낼까요?
- That sound like a good idea.

해석 스크립트

M: Are you taking a cab? | W: 네. 워터포드 호텔로 가려고요. | M: That's near the Arnette, where I'm going. Shall we share a cab and split the fare? | W: 그거 좋은 생각이네요.

SCENE 16 — mp3 114 : 공항버스 표 살 때

🗨️ 우린 레이포드 인으로 갈 건데요. 셔틀버스가 거기 정차해요?

🗨️ Yes, it does.

🗨️ 요금은 얼마죠?

🗨️ It's 10 dollars one way or 18 dollars round trip.

🗨️ 왕복표 두 장 주세요.

해석 스크립트

M: We're going to the Rayford Inn. Does the shuttle stop there? | W: 정차합니다. | M: How much does it cost? | W: 편도는 10달러, 왕복은 18달러입니다. | M: Two round trip tickets, please.

SCENE 17 — mp3 115 : 공항버스 탈 때

🗨️ 이 셔틀버스가 힐튼호텔에 정차합니까?

🗨️ Yes, it is. How many pieces of luggage do you have?

🗨️ 이 큰 가방과 이 기내 가방입니다. 기내 가방은 갖고 탈 게요.

🗨️ I'll put this in the back.

해석 스크립트

W: Is this the shuttle that stops at the Hilton Hotel? | M: 정차합니다. 가방을 몇 개 갖고 계세요? | W: This big piece and this carry-on bag. I'll keep the carry-on bag with me. | M: 이건 뒤에 실을게요.

PART 2 실전활용: 상황별 영어회화 표현

SCENE 18 mp3 116 : 마중 나온 사람을 만날 때

- Excuse me, are you Ms. Shin?
- Yes, I am.
- My name is Fred Smith. I'm with the HP Corporation.
- 스미스 씨, 뵙게 되어 반갑습니다.
- It's my pleasure, but please call me Fred.
- 알겠어요, 프레드. 그리고 전 미라에요.

해석 스크립트

M: 실례지만, 신 선생님이세요? | W: 네. | M: 저는 프레드 스미스입니다. HP사에서 일하고 있습니다. | W: It's nice to meet you, Mr. Smith. | M: 저도 기쁩니다. 프레드라고 부르세요. | W: OK, Fred. And I'm Mi-ra.

SCENE 19 mp3 117 : 배웅할 때

- 자, 만나서 반가웠어요.
- I enjoyed meeting you, too. I hope you'll come back sometime.
- Well, I'd certainly like to. And you be sure to come see me when you get to Korea next year.
- I'll do that. Thank you again for all your help.
- 별말씀을 다 하세요. 즐거운 비행하시길 바라고 내년에 뵐게요.
- Good-bye.

해석 스크립트

M: Well, it was nice meeting you. | W: 저 역시 뵙게 되어 기뻤어요. 언제 다시 오셨으면 해요. | M: 네, 꼭 그럴게요. 그리고 내년에 한국에 오시면 꼭 찾아 주세요. | W: 그럴게요. 많은 도움을 주셔서 다시 감사드려요. | M: You're certainly welcome. Have a good flight, and I'll see you next year. | W: 안녕히 계세요.

01. 호텔 찾기 02. 체크인(예약 했을 때, 예약 안 했을 때) 03. 체크인 때의 문제
07. 미용실 08. 헤어스타일 주문 09. 이발소 10. 호텔에서의 문제 11. 체크아

Chapter 2

숙박

04. 모닝콜·룸서비스 05. 귀중품 맡기가·세탁 서비스 06. 호텔시설 이용
s Talk!

호텔 찾기

호텔 안내가 어디 있는지 알려 줄래요?	**Could you tell me where hotel information is?** 크쥬- 텔-미 웨어- 호우텔 인풔-메이션 이즈
역에서 가까운 호텔을 소개해 주시겠어요?	**Could you recommend a hotel near the station?** 크쥬 뤠커멘-더 호우텔 니어- 더 스테이션
시내에 있는 호텔을 소개해 주시겠어요?	**Could you tell me some hotels in the city center?** 크쥬 텔 미 썸 호우텔즈 인 더 씨리 쎈터-
하루 60달러 이하의 호텔이 있나요?	**Is there a hotel under 60 dollars a night?** 이즈 데어-러 호우텔 언더- 씩스티 달러-즈 어 나잇
더 싼 호텔은 없어요?	**Do you know of any cheaper hotels?** 드 유 노우 옵 에니 취-퍼- 호우텔즈
그 호텔은 어디에 있어요?	**Where is the hotel?** 웨어- 리즈 더 호우텔
공항으로 픽업 서비스를 해줍니까?	**Do you have a pick-up service at the airport?** 드 유 해-버 피-컵 써-비스 앳 디 에어-포엇
태우러 오려면 얼마나 걸리죠?	**How long before you can pick us up?** 하울롱 비풔어- 유 캔 피-커스 업

*PART 2 실전활용: **상황별 영어회화 표현***

좋아요. 동쪽 출구 앞에서 기다릴게요.	**OK. I'll wait in front of the East Exit.** 오우케이 아일 웨잇- 인 프뢴터-브 디 이-스트 엑짓
오늘 밤 호텔을 예약하고 싶은데요.	**I'd like to reserve a hotel room for tonight.** 아이들 라익 트 뤼저-브 어 호우텔 루움 포- 트나잇
오늘 밤 1인실 있어요?	**Do you have a single for tonight?** 드 유 해-버 씽글 포- 트나잇-
얼마입니까?	**How much is it?** 하우 머춰 이즈 잇
65달러에 세금 별도입니다.	**65 dollars plus tax.** 씩스티 파입- 달-러-즈 플러스 택스
아침식사가 포함된 가격이에요?	**Does it include breakfast?** 더-짓 인클룻- 브뤡풔스트
방을 봐도 되겠어요?	**May I see the room?** 메아이 씨- 더 루움
요금은 체크아웃 때 내나요, 지금 내나요?	**When shall I pay for it, now or at check-out time?** 웬 샤라이 페이 포-릿 나우 오- 엣 췍아웃 타임

체크인 (예약 했을 때, 예약 안 했을 때)

어디서 숙박등록을 하죠?	**Where can I register?** 웨어- 캐나이 뤠쥐스터-
예약 했어요. 김진우라는 이름으로 예약했어요.	**I have a reservation. It's under the name Jin-woo Kim.** 아이 해-버 뤠저-베이션 이즈 언더- 더 네임 진우 킴
서울에서 예약했어요.	**I made a reservation from Seoul.** 아이 메이-더 뤠저-베이션 프뤔 쏘울
예약확인서 여기 있어요.	**Here is my confirmation slip.** 히어-리즈 마이 컨-풔-메이션 슬립-
빈방 있어요?	**Do you have any vacancies?** 드유- 햅 에니 베이컨씨즈
오늘밤 1인실 있어요?	**Do you have a single room for tonight?** 드유- 해-버 씽글 루움 포- 트나잇
이틀 묵을 더블 룸 있나요?	**Is there a double room available for two nights?** 이즈 데어-러 더블 루움 어베일러블 포- 투- 나이츠
5층에 1인실이 있습니다.	**We have a single room on the fifth floor.** 위 해-버 씽글 루움 온 더 피프쓰 플로어-

*PART 2 실전활용: **상황별 영어회화 표현***

트윈 룸은 얼마죠?	**How much is a twin room?** 하-머취 이-저 트윈 루움
욕실이 있는 1인실은 37달러이고, 욕실 없는 방은 25달러입니다.	**We have a single room with a bath for 37 dollars, or without a bath for 25 dollars.** 위 해-버 씽글 루움 위-더 배쓰 포- 떠-리 쎄븐 달-러-즈 오- 윗다웃 어 배쓰 포- 트웬티 파입 달-러-즈
전망이 좋은 방을 주세요.	**I need a room commanding a good view.** 아이 니잇-더 루움 커맨-딩 어 구웃 뷰-
이 숙박카드를 작성해 주시겠어요?	**Could you fill out this registration card, please?** 크쥬- 필-라우- 디스 뤠쥐스트레이션 카드 플리이즈
이것을 살펴보시고 이상이 없는지 말씀해 주세요.	**Please look this over and tell me if everything's all right.** 플리이즈 룩- 디스 오우버- 앤 텔- 미 이프 에브뤼띵-스 올- 롸잇-
현금으로 하실 건가요, 신용카드로 하실 건가요?	**Will this be cash or a credit card?** 윌 디스 비 캐쉬 오- 어 크뤠딧- 카드
비자카드 받습니까?	**Is Visa OK?** 이즈 비-자 오우케이
열쇠 여기 있습니다.	**Here are your keys.** 히어- 아- 유어- 키-즈

체크인 때의 문제·짐 옮기기

죄송하지만, 구 선생님, 예약이 안 되어 있네요.	**I'm sorry, Mr. Ku, but we don't have your reservation.** 아임 쏘뤼- 미스터- 구 벗 위 도운-햅 유어- 뤠저-베이션
여기 예약 확인서를 갖고 있어요.	**I have a confirmation of the reservation here.** 아이 해-버 컨-풔-메이션 오브 더 뤠저-베이션 히어-
내가 요청한 방이 아닌데요.	**This is not the room I asked for.** 디스 이즈 낫 더 루움 아이 에스크드 포-
다른 방을 보여 주시겠어요?	**Could you show me another room?** 크쥬 쇼우 미 어나더- 루움
더 좋은 방을 주시겠어요?	**Could you give me a better room?** 크쥬 김-미 어 베러- 루움
오늘 밤은 빈 객실이 없습니다.	**We're completely full tonight.** 위아- 컴플리-틀리 풀- 트나잇
오늘 밤은 묵으실 수 있는 트윈 룸이 없습니다.	**There are no twin rooms available tonight.** 데어- 아- 노- 트윈 루움스 어베일러블 트나잇
언제쯤 빈방이 날까요?	**How soon can I expect any opening?** 하우 쑨- 캐나이 익스펙- 에니 오-프닝

*PART 2 실전활용: **상황별** 영어회화 표현*

오늘 밤 1인실은 없지만, 더블 룸은 있습니다.	**We don't have any single rooms for tonight, but we have a double room.** 위 도운- 햅 에니 씽글 루움스 포- 트나잇 벗 위 해-버 더블 루움
이 근처에 빈 방이 있을 만한 호텔이 없나요?	**Are there any hotels near here that might have a room?** 아- 데어- 에니 호우텔스 니어- 히어- 댓 마잇- 해-버 루움
벨 보이에게 제 짐을 방으로 옮겨달라고 해 주세요.	**Please have a bellboy carry my luggage up to my room.** 플리이즈 해-버 벨-보이 캐-뤼 마이 러기쥐 업 트 마이 루움
잠깐만 기다리세요. 사람을 불러 드리죠.	**Just a minute, I'll get someone.** 져스터 미닛- 아일 겟 썸원
벨 보이에게 짐을 방으로 옮기라고 할까요?	**Would you like the bellboy to take your luggage up to your room?** 으쥬- 라익 더 벨-보이 트 테이-큐어- 러기쥐 업트 유어- 루움
아뇨, 제가 할 수 있어요.	**No, I can manage.** 노우 아이 캔 매-니쥐
(팁을 주며) 이거 받으세요.	(offering a tip) **Here you go.** 히어- 유- 고우

모닝콜·룸서비스

모닝콜 신청하는 곳인가요?	**Is this the number for a wake-up call?** 이즈 디스 더 넘버- 포-러 웨이-컵 콜-
7시에 전화로 깨워주세요.	**I'd like to have a wake-up call at seven, please.** 아이들 라익 트 해-버 웨이-컵 콜- 앳 쎄븐 플리즈
여기 투숙하는 동안 8시에 모닝콜을 해주시겠어요?	**Could I have a wake-up call at eight every morning while I'm here?** 크다이 해-버 웨이-컵 콜- 엣 에잇 에브뤼 모-닝 와일 아임 히어-
전 잠귀가 어두워요. 대답이 없으면 벨을 계속 울리세요.	**I'm a heavy sleeper. If I don't answer, keep ringing.** 아임 어 헤비 슬리-퍼- 이-파이 도운- 앤-써, 키입 륑잉
전 김이고 707호실입니다.	**My name is Kim, and my room number is 707.** 마이 네임 이즈 킴 앤 마이 루움 넘버- 이즈 쎄븐 오우 쎄븐
7시에서 8시로 모닝콜을 바꿔 주시겠어요?	**Could you change my wake-up call from seven to eight?** 크쥬- 췌인쥐 마이 웨이-컵 콜- 프뤔 쎄븐 트 에잇-
7시의 모닝콜을 취소하고 싶은데요.	**I'd like to cancel my 7 o'clock wake-up call.** 아이들 라익 트 캔-쏠 마이 쎄븐 어클락 웨이-컵 콜-

PART 2 실전활용: 상황별 영어회화 표현

지금 룸서비스 되나요?	**Is room service still available?**
	이즈 루-움 써-비스 스틸- 어베일러블

주문을 하고 싶은데요.	**I'd like to order something.**
	아이들 라익 트 오-더 썸띵

내일 제 방으로 아침을 갖다 주시겠어요?	**Could you bring tomorrow's breakfast to my room?**
	크쥬- 브링 트머-뤄우스 브뤡퓌스트 트 마이 루움

내일 아침식사를 주문하고 싶은데요.	**I'd like to order tomorrow's breakfast.**
	아이들 라익 트 오-더- 트머-뤄우스 브뤡퓌스트

무엇을 드시겠습니까?	**What would you like to have?**
	왓 으쥬- 라익 트 햅-

커피와 햄 샌드위치를 부탁합니다.	**Coffee and a ham sandwich, please.**
	커-퓌 앤-더 햄 쌘-드위취 플리이즈

가능한 한 빨리 갖다 주세요.	**As soon as possible, please.**
	에즈 쑨 어즈 파써블 플리이즈

곧 갖다 드리겠습니다.	**We'll bring them up soon.**
	위일 브링 뎀 업 쑨-

Chapter 2 **숙박**

귀중품 맡기기·세탁 서비스

호텔 금고에 귀중품을 맡기고 싶습니다.	**I'd like to leave my valuables in your safe.** 아이들 라익 트 리-브 마이 벨류어블즈 인 유어- 쎄이프
이 짐을 체크아웃 때까지 보관해 주시겠어요?	**Could you keep this baggage until I check out?** 크쥬- 키입 디스 배-기쥐 언틸- 아이 췌-카웃
귀중품을 여기에 넣어 주세요.	**Please put your valuables in here.** 플리이즈 풋 유어- 벨류어블즈 인 히어-
귀중품 보관함을 열고 싶은데요.	**I'd like to get into my safety deposit box.** 아이들 라익 트 게-린트 마이 쎄이프티 디파-짓 박스
맡긴 귀중품을 찾고 싶은데요.	**I'd like my valuables back.** 아이들 라익 마이 벨류어블즈 백-
여기에 서명해 주시겠어요?	**May I have your signature here?** 메아이 해-뷰어 씨-그너춰- 히어-
세탁 서비스는 있나요?	**Is there laundry service?** 이즈 데어- 런-드뤼 써-비스
세탁 서비스 부탁합니다.	(on the phone) **Laundry service, please.** 런-드뤼 써-비스 플리이즈

이 호텔에 당일 세탁 서비스 있어요?	**Do you have same-day laundry service here?** 드유- 햅 쎄임 데이 런-드뤼 써-비스 히어-
제 양복을 드라이클리닝 해 주세요.	**I'd like my suit drycleaned.** 아이들 라익 마이 쑤웃- 드롸이클린-드
이 얼룩 좀 빼주실 수 있어요?	**Can you get this stain out?** 캐뉴- 겟 디스 스테인 아웃
방으로 와서 가져가 주실 수 있어요?	**Could you come up to get it?** 크쥬- 컴 업 트 게-릿
금방 가겠습니다.	**I'll be right there.** 아일 비 롸잇 데어-
세탁물 바구니에 세탁물을 넣어서 여기로 가져 와 주시겠어요?	**Would you put your laundry in a laundry bag and bring it down here?** 으쥬- 풋 유어- 런-드뤼 이너 런-드뤼 백- 앤 브륑 잇 다운 히어-
언제 되죠?	**When will it be ready?** 웬 윌 잇 비 뤠리
내일 아침 10시까지 돼요?	**Will they be ready by 10 tomorrow morning?** 윌 데이 비 뤠리 바이 텐 트머-로우 모-닝

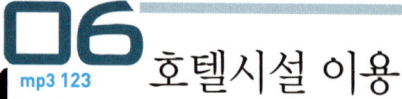

호텔시설 이용

| 호텔 내에 어떤 시설이 있나요? | **What kind of facilities are there in the hotel?**
 왓 카인-돕 퍼씰리티-즈 아-데어- 인 더 호우텔 |

| 커피숍은 몇 시에 열어요? | **When does the coffee shop open?**
 웬 더즈 더 커-퓌 샵- 오우픈 |

| 식당이 어디 있어요? | **Where is the dining room?**
 웨어-리즈 더 다이닝 루움 |

| 식당은 몇 시까지 하죠? | **How late is the dining room open?**
 하우 레이트 이즈 더 다이닝 루움 오우픈 |

| 수영장이 어디 있어요? | **Where is the swimming pool?**
 웨어-리즈 더 스위밍 풀- |

| 이 호텔에 사우나가 있어요? | **Does this hotel have a sauna? / Do you have a sauna?**
 더즈 디스 호우텔 해-브 써-너 / 드유- 해-브 써-너 |

| 언제 사우나를 이용할 수 있어요? | **When can I use the sauna?**
 웬 캐나이 유-즈 더 써-너 |

| 사우나는 요금을 받아요? | **Do you charge for the sauna?**
 드유- 촤-쥐 포- 더 써-너 |

PART 2 실전활용: 상황별 영어회화 표현

호텔 내 전화를 쓸 수 있어요?	**Can I use the house phone?**	
	캐나이 유즈 더 하우스 포운	
이 호텔 내에 이발소가 있나요?	**Is there a barber in this hotel?**	
	이즈 데어-러 바-버- 인 디스 호우텔	
이 호텔 내에 헬스클럽이 있나요?	**Is there a fitness club in this hotel?**	
	이즈 데어 러 퓌트니스 클럽- 인 디스 호우텔	
예약해야 해요?	**Do you need a reservation?**	
	드유- 니잇-더 뤠저-베이션	
오전 10시에 예약을 하고 싶은데요.	**I'd like to make an appointment for 10 a.m..**	
	아이들 라익 트 메이-컨 어포인트먼트 포- 텐 에이 엠	
택시를 불러 주세요.	**Please get me a taxi.**	
	플리이즈 겟 미 어 택씨	
제게 온 메시지가 없나요?	**Are there any messages for me?**	
	아-데어 에니 메씨쥐즈 포- 미	
이 가방을 잠깐 맡아 주시겠어요?	**Could you store this baggage for a while?**	
	크쥬 스토어- 디스 배-기쥐 포-러 와일	

Chapter 2 **숙박**

07 미용실

오늘 오전에 파마 예약을 할 수 있어요?	**Can I make an appointment to get a permanent this morning?** 캐나이 메-컨 어포인트먼트 트 게-러 퍼-머넌트 디스 모-닝
예약을 안 하셔도 됩니다.	**You don't need an appointment.** 유 도운 니-이-던 어포인트먼트
내일 오후에 빈 시간이 있나요?	**Do you have any openings tomorrow afternoon?** 드 유- 햅 에니 오-프닝스 트머-뤄우 애-프터-누운
몇 시가 편하시겠어요?	**What time would be convenient for you?** 왓 타임 웃 비 컨비-니언트 포- 유-
3시 15분이 비어 있는데요. 그 시간이면 되겠습니까?	**We have an opening at 3:15. Would that be convenient?** 위 해-번 오-프닝 앳 뜨뤼- 피프티인 웃 댓 비 컨비-니언트
2시에 예약했어요.	**I have an appointment for 2 o'clock.** 아이 해-번 어포인트먼트 포- 투- 어클락
누구와 예약하셨어요?	**Do you know who your appointment was with?** 드유- 노우 후 유어- 어포인트먼트 워즈 윗

*PART 2 실전활용: **상황별 영어회화 표현***

패티와 진을 소개 받았어요.	**Patty and Jean were recommended to me.** 패-리 앤 쥐인 워- 뤠커멘딧 트 미
전에 여기서 머리를 하신 적이 있으세요?	**Have you ever had your hair done here before?** 해뷰 에버- 햇 유어- 헤어- 던 히어- 비뿨어-
파마 하실 건가요, 커트 하실 건가요?	**Which do you want, perm or cut?** 위취 드유- 원트 풔엄 오- 컷
머리를 자르고 파마도 하려고요.	**I've decided to cut my hair and get a perm.** 아이브 디싸이딧 트 컷 마이 헤어- 앤 게-러 풔엄
파마 하는데 시간이 얼마나 걸리죠?	**How long would it take to perm my hair?** 하울롱 우-딧 테익 트 풔엄 마이 헤어-
머리 염색하는 데 얼마예요?	**How much do you charge to dye hair?** 하우 머취 드유- 촤-쥐 트 다이 헤어-
손톱을 손질 해 주시겠어요?	**Could you do my nails?** 크쥬- 두 마이 네일즈
한 번 더 손보러 와도 돼요?	**Can I come back for a revision?** 캐나이 컴 백- 포-러 뤼비젼

08 헤어스타일 주문

mp3 125

파마한지 얼마나 되셨어요?	**How long has it been since you had a perm?** 하울롱 해-짓 비인 씬스 유 햇-더 풔엄
어떻게 말아 드릴까요?	**What kind of curl do you want?** 왓 카인돕 커얼 드유- 원트
느슨하게 말아 주세요.	**I want loose curls.** 아이 원트 루스 커얼즈
끝만 말아 주세요.	**Just curl the ends.** 져스트 커얼 디 엔즈
이번에는 앞머리를 말아 올릴 생각이에요.	**I think I'd just like it curled on top this time.** 아이 띵크 아이드 져스트 라이-킷 커얼드 온 탑- 디스 타임
소프트 파마를 부탁합니다.	**A soft perm, please.** 어 소프트 풔엄 플리이즈
스트레이트 파마 돼요?	**Do you do hair straightening?** 드유- 두 헤어- 스트뤠이트닝
며칠이 지나야 머리를 감을 수 있어요?	**How long will it be before I can wash it?** 하울롱 윌 릿 비 비포어- 아이 캔 워쉬 잇

PART 2 실전활용: 상황별 영어회화 표현

파마가 얼마나 갈까요?	**How long would a perm last?** 하울롱 우-더 퓌엄 래-스트
커트 하고 싶은데요.	**I'd like to get my hair cut.** 아이들 라익 트 겟 마이 헤어- 컷
제가 어떤 스타일로 하면 좋겠어요?	**Do you have any ideas for a hairstyle for me?** 드유 햅 에니 아이디어즈 포-러 헤어-스타일 포- 미
같은 스타일로 조금 짧게 커트 해 주세요.	**I just want the same style, but shorter.** 아이 져스트 원-터 쎄임 스타일 벗 쇼-러-
1인치 정도 더 짧게 커트 해 주세요.	**I'd like it cut about an inch shorter.** 아이들 라이-킷 컷 어바웃 언 인취 쇼-러-
커트하고 샴푸 그리고 세트해 주세요.	**Cut, shampoo and setting, please.** 컷 쉠-푸 앤 쎄링 플리이즈
이 사진과 같은 스타일로 해 주세요.	**Please set my hair like this photograph.** 플리이즈 셋 마이 헤어- 라익 디스 포우로그랩
매니큐어도 해 주실 수 있어요?	**Could I have a manicure?** 크다이 해-버 매-너큐어-

이발소

이발을 하고 싶은데요.	**I'd like to get my hair cut.** 아이들 라익 트 겟 마이 헤어- 컷
샴푸하고 드라이 해 주세요.	**I'd like a shampoo and blow-dry.** 아이들 라익커 샴푸- 앤 블로우 드라이
이발과 면도 해주세요.	**Haircut and shave, please.** 헤어-컷 앤 쉐이브 플리즈
머리를 어떻게 깎아 드릴까요?	**How do you want your hair cut?** 하우 드유 원츄어- 헤어- 컷
그냥 조금만 다듬어 주세요.	**I'd just like a trim.** 아이드 저스트 라이 커 츄륌
지금 상태에서 다듬어만 주세요.	**Please set my hair in the same style.** 플리즈 쎗 마이 헤어- 인 더 쎄임 스타일
옆과 앞머리를 좀 더 짧게 깎아 주세요.	**I want it shorter on the sides and in the front.** 아이 원-잇 쇼-러- 온 더 싸이즈 앤 인 더 프륀트
옆머리를 조금만 더 깎았으면 해요.	**I think I'd like it just a little shorter on the sides.** 아이 띵크 아이들 라이-킷 저스트 어 리를 쇼-러- 온 더 싸이즈

PART 2 실전활용: 상황별 영어회화 표현

뒷머리를 좀 더 깎아 주세요.	**A little more off the back, please.**	
	어 리를 모어- 오프 더 백 플리이즈	

| 너무 깎지는 말아 주세요. | **Don't cut off too much, please.** |
| | 도운트 컷 오프 투- 머취 플리이즈 |

| 구레나룻은 잘라 주세요. | **Don't leave any sideburns.** |
| | 도운 리-브 에니 싸이드번-즈 |

| 흰머리 염색을 해 주겠어요? | **Could you dye the gray hair?** |
| | 크쥬- 다이 더 그뤠이 헤어- |

| 로션 같은 건 바르지 말아 주세요. | **Don't put any lotion in my hair, please.** |
| | 도운 풋 에니 로우션 인 마이 헤어- 플리이즈 |

| 가르마는 왼쪽으로 해주세요. | **I part it on the left.** |
| | 아이 파앗-릿 온 더 레프트 |

| 조금 더 손질해 주실래요? | **Can you work on it some more?** |
| | 캐뉴- 워어콘 잇 썸 모어- |

| 그 정도면 됐어요. | **That's enough.** |
| | 대츠 이너프 |

호텔에서의 문제

객실 관리과 부탁합니다.	**Housekeeping, please.** 하우스키-핑 플리즈
TV가 안 나옵니다.	**The TV doesn't work.** 더 티-비- 더즌 워억
침대 등이 안 켜져요.	**The bedside light doesn't work.** 더 벳싸이드 라잇- 더즌 워억
에어컨이 고장 났어요.	**The air-conditioner is broken.** 디 에어-컨디셔너- 이즈 브로우큰
내일 봐줄 수 있어요?	**Can you check on it tomorrow?** 캐뉴- 췌-콘 잇 트머-뤄우
뜨거운 물이 안 나와요.	**There's no hot water.** 데어-즈 노- 핫 워-러-
변기의 물이 잘 안 내려가요.	**The toilet doesn't flush well.** 더 토일럿 더즌 플러쉬 웰-
객실 밖이 몹시 소란스러워요.	**It's very noisy outside my room.** 이츠 베뤼 노이지 아웃-싸이드 마이 루움

열쇠를 잃어 버렸어요.	**I've lost my key.** 아이브 로-스트 마이 키-	
문이 잘 닫히지 않아요.	**The door doesn't shut completely.** 더 도어- 더즌 셧 컴플릿-틀리	
방이 너무 추워요.	**My room is too cold.** 마이 루움 이즈 투 코울드	
담요 좀 갖다 주세요.	**Please bring me a blanket.** 플리이즈 브륑 미 어 블랭-킷	
방을 청소해 주시겠어요?	**Could you clean my room?** 크쥬 클리인 마이 루움	
콘센트가 어디 있어요?	**Could you tell me where the outlet is?** 크쥬 텔 미 웨어 디 아웃렛 이즈	
문이 잠겼어요.	**I'm locked out.** 아임 록트 아웃	
복도에 수상한 사람이 있어요.	**There is a strange person in the corridor.** 데어-리저 스트뤠인쥐 퍼-슨 인 더 코-뤼더-	

Chapter 2 **숙박**

11 체크아웃

지금 체크아웃 수속해 주세요.	**I'd like to check out now.** 아이들 라익 트 췌-카웃 나우
하루 일찍 체크아웃 하고 싶은데요.	**I'd like to check out a day early.** 아이들 라익 트 췌-카웃 어 데이 얼-리
한 시간 늦게 체크아웃 해도 되나요?	**Is it ok to check out an hour late?** 이즈 잇 오우케이 트 췌-카웃 언-나우어 레이트
내일 아침 6시에 출발해야 해서 지금 계산하고 싶어요.	**I'll leave at six tomorrow morning, so I'd like to have my bill now.** 아일 리-브 엣 씩스 트머-로우 모-닝 쏘- 아이들 라익 트 햅 마이 빌 나우
짐을 들어줄 사람을 보내 주시겠어요?	**Could you send someone up for my luggage?** 크쥬- 쎈- 썸원 업 포- 마이 러기쥐
객실요금 여기 있습니다. 모두 맞습니까?	**Here are your room charges. Does everything look all right?** 히어- 아- 유어- 루움 촤-쥐스 더즈 에브뤼띵 룩 올- 롸잇
비자카드로 지불할 생각이세요?	**Do you plan to pay with your Visa card?** 드유- 플랜-트 페이 윗 유어- 비-자 카드
계산이 잘못된 것 같은데요.	**I think there's a mistake in this bill.** 아이 띵크 데어- 저 미스테익 인 디스 빌

이 요금이 뭔지 알 수 있어요?	**Can you tell me what this charge is?** 캐뉴- 텔 미 왓 디스 촤쥐 이즈
전 룸서비스를 받지 않았어요.	**I didn't get any room service.** 아이 디든 겟 에니 루움 써-비스
아침은 딱 한 번만 먹었어요.	**I only had breakfast once.** 아이 오운리 햇 브렉풔스트 원스
같은 방에서 하룻밤 더 묵어도 되겠어요?	**Could I stay one more night in my room?** 크다이 스테이 원 모어- 나잇 인 마이 루움
방에 두고 나온 게 있어요.	**I left something in my room.** 아이 레프트 썸띵 인 마이 루움
공항까지 가는데 도움이 필요하세요?	**Do you need help getting to the airport?** 드유 니잇 헬프 게링 트 디 에어-포엇
공항 가는 버스를 어디서 탈 수 있어요?	**Where can I catch the bus to the aitport?** 웨어- 캐나이 캐-춰 더 버스 트 디 에어-포엇
출발 시간까지 짐을 맡아 주시겠어요?	**Could you store my baggage until my departure time?** 크쥬 스토어- 마이 배-기쥐 언틸 마이 디파-춰- 타임

LET'S TALK!

현장에서 원어민과 대화한다고 생각하고 말하기 연습을 해 보세요. 먼저 전체 대화 내용을 듣고, 신호음이 들리면 앞에 나온 표현을 그대로 이용하거나 응용해서 우리말 부분을 영어로 말해 보세요.

SCENE 01 mp3 129   호텔을 찾을 때

🙂 오늘 밤 더블 룸 있어요?

🙍 Just a minute, please. Yes, we do.

🙂 얼마입니까?

🙍 55 dollars plus tax.

🙂 That's fine. How do I get there?

> **해석 스크립트**
>
> M: Do you have a double for tonight? | W: 잠깐만 기다리세요. 있습니다. | M: How much is it? | W: 55달러에 세금 별도입니다. | M: 좋습니다. 어떻게 찾아가면 되죠?

SCENE 02 mp3 130   체크인 할 때(예약한 후에)

🙂 예약했어요. 이름이 박 민호입니다.

🙍 OK. Could you fill this out, please? (pause) Will this be cash or a credit card?

🙂 아메리칸 익스프레스 카드 되나요?

🙍 That'll be fine. Give it to me and I'll make an imprint of it. (pause) Here're your keys. You're in Room 107.

> **해석 스크립트**
>
> M: I have a reservation. My name is Minho-Park. | W: 네. 이것을 작성해 주시겠어요? (잠시 후) 현금으로 하실 건가요, 신용카드로 하실 건가요? | M: Is American Express OK? | W: 그렇게 하세요. 카드 주세요. 날인하겠습니다. (잠시 후) 열쇠 여기 있습니다. 손님의 방은 107호입니다.

PART 2 실전활용: 상황별 영어회화 표현

SCENE 03 체크인 할 때(예약 없이) ^{mp3 131}

🧑 오늘 밤 트윈 룸 있어요?

👩 How long will you be staying?

🧑 오늘 밤만입니다.

👩 We have a twin room on the second floor.

🧑 That would be fine.

> **해석 스크립트**
> M: Do you have a twin room for tonight? | W: 얼마나 묵으실 예정이세요? | M: Just tonight. | W: 2층에 트윈 룸이 있습니다. | M: 좋아요.

SCENE 04 체크인 할 때의 문제 ^{mp3 132}

🧑 예약했어요. 제 이름은 구인호입니다.

👩 I'm sorry, Mr. Ku, but we don't have your reservation.

🧑 여기 예약 확인서를 갖고 있어요.

👩 Apparently there was an error. There are no single rooms available, but we have a double. I can give you that at the same rate as a single.

> **해석 스크립트**
> M: I have a reservation. My name is In-ho Ku. | W: 죄송하지만, 구 선생님, 예약이 안 되어 있네요. | M: I have a confirmation letter here. | W: 착오가 있었군요. 1인실은 아니지만 빈 더블 룸이 있어요. 그 방을 1인실 요금으로 제공해 드릴 수 있어요.

SCENE 05 — 방으로 짐을 옮길 때

🙋 Would you like the bellhop to take your luggage up to your room?

🙂 네, 그래 주세요.

🙋 Just a minute, I'll get someone. (rings bell) Please take Mr. Kim up to Room 412.

🙂 (In the room) Your minibar is right here, and the key is with your room key.

해석 스크립트

W: 벨 보이에게 짐을 방까지 나르도록 하시겠어요? | M1: Yes, please. | W: 잠깐만 기다리세요. 사람을 불러 드리죠. (벨을 누른다) 김 선생님을 412호실로 안내해 드리세요. | M2: (방에서) 냉장고는 여기 있고 냉장고 열쇠는 방 열쇠와 같이 있습니다.

SCENE 06 — 모닝콜을 부탁할 때

🙂 7시에 전화로 깨워주세요.

🙋 May I have your name and your room number?

🙂 저는 김이고 707호실입니다.

🙋 Thank you. We'll call you at seven.

해석 스크립트

M: I'd like to have a wake-up call at seven, please. | W: 성함과 방 번호가 어떻게 되나요? | M: My name is Kim, and my room number is 707. | W: 고맙습니다. 7시에 전화 드릴게요.

SCENE 07 — 룸서비스를 부탁할 때

🙂 점심을 주문하고 싶은데요.

🙋 Sure, what would you like?

🙂 커피하고 치킨 샌드위치 부탁합니다.

PART 2 실전활용: 상황별 영어회화 표현

🧑‍🦰 Thank you. What's your room number?

👨 1007호입니다.

🧑‍🦰 We'll bring them up soon. Thank you.

> **해석 스크립트**
> M: I'd like to order lunch. | W: 네, 무얼 드시겠어요? | M: Coffee and a chicken sandwich, please. | W: 고맙습니다. 방 번호가 어떻게 되나요? | M: This is Room 1007. | W: 곧 갖다 드릴게요. 고맙습니다.

SCENE 08 · 귀중품을 맡길 때

👨 호텔 금고에 귀중품을 맡기고 싶어요.

🧑‍🦰 Will you fill out this form?

👨 (After filling out the form) 여기 있습니다.

🧑‍🦰 Please put your valuables in here. (pause) Here's your key.

👨 Thank you.

> **해석 스크립트**
> M: I'd like to leave my valuables in your safe. | W: 이 양식을 작성해 주시겠어요? | M: (양식을 작성한 후에) Here you are. | W: 귀중품을 여기에 넣어 주세요. (잠시 후) 열쇠 여기 있습니다. | M: 고맙습니다.

SCENE 09 · 세탁 서비스를 이용할 때

👨 여기 101호실인데 세탁 서비스 부탁해요.

🧑‍🦰 This is laundry service.

👨 제 옷을 내일 오후까지 드라이클리닝해 주세요.

🧑‍🦰 Yes, if you bring it down by 5 o'clock, it will be ready by noon tomorrow.

> 해석 스크립트

M: This is Room 101. Laundry service, please. | W: 세탁실입니다. | M: I'd like a dress drycleaned by tomorrow afternoon. | W: 네, 5시까지 가져 오시면 내일 정오까지는 됩니다.

SCENE 10 mp3 138
호텔시설을 이용할 때

🙂 실례지만 수영장이 어디 있어요?

🙂 It's located on the second floor.

🙂 언제 열어요?

🙂 It's open from 10 in the morning to 9 in the evening.

> 해석 스크립트

M: Excuse me. Where is the swimming pool? | W: 2층에 있습니다. | M: When is it open? | W: 오전 10시부터 저녁 9시까지 엽니다.

SCENE 11 mp3 139
미용실을 예약할 때

🙂 Hair Designers.

🙂 오늘 오전에 파마 예약을 할 수 있어요?

🙂 Have you ever had your hair done here before?

🙂 없지만 패티와 진을 소개 받았어요. 두 분 중 어느 분 되세요?

🙂 No, I'm afraid not. We have an opening at 10:30. Would that be convenient?

🙂 That would be fine.

🙂 Could you give me your name?

🙂 Mi-ra Park.

PART 2 실전활용: **상황별 영어회화 표현**

해석 스크립트

M: 헤어 디자이너입니다. | W: Can I get an appointment for a perm this morning? | M: 전에 여기서 머리를 하신 적이 있으세요? | W: No, I haven't, but Patty and Jean were recommended to me. Are either of them available? | M: 안 될 것 같군요. 10시 30분이 비어 있어요. 그 시간이면 되겠어요? | W: 좋아요. | M: 성함을 알려 주시겠어요? | W: 박미라입니다.

SCENE 12 · 미용실에서

- Good afternoon. Can I help you?
- 네, 1시에 예약했어요.
- Do you know who your appointment is with?
- 앤하고 예약했어요.
- (pause) Mi-ra Park?
- 맞아요.
- Ann is running a little late this afternoon. Could you wait here for a few minutes? I'll call you when Ann is ready for you.

해석 스크립트

M: 안녕하세요. 도와 드릴까요? | W: Yes, I have an appointment for 1 o'clock. | M: 누구와 예약하셨어요? | W: It's with Ann. | M: (잠시 후) 박미라 씨세요? | W: That's right. | M: 오늘 오후에 앤이 좀 늦어지는군요. 여기서 잠깐만 기다려 주시겠어요? 앤이 준비되면 부르겠습니다.

SCENE 13 · 헤어스타일을 주문할 때

- 파마를 하고 싶은데요.
- Do you want the same style or a different one?
- 같은 스타일로 좀 짧게 해 주세요.
- How do you fix your hair?

🙍‍♀️ I wash it at night and use a curling iron in the morning.

🙍‍♂️ Do you prefer that I cut it before or after the permanent?

🙍‍♀️ My beautician usually cuts it before.

> **해석 스크립트**
> W: I'd like to get a permanent. | M: 같은 스타일로 하실 겁니까, 다른 스타일로 하실 겁니까? | W: The same style, but shorter. | M: 머리를 어떻게 관리하세요? | W: 밤에 감고 아침에 헤어 아이론을 써요. | M: 파마 전에 커트해 드릴까요, 파마 후에 커트해 드릴까요? | W: 제 미용사는 대개 파마 전에 커트했어요.

SCENE 14 　이발소에서

🙍‍♀️ OK, it's your turn. Have a seat. How do you want your hair cut?

🙍‍♂️ 반 인치 정도 짧게 커트해 주셨으면 해요.

🙍‍♀️ Do you want a shampoo?

🙍‍♂️ 아뇨, 그럴 필요 없어요.

🙍‍♀️ (After the haircut) How does that look?

🙍‍♂️ 좋은데요.

> **해석 스크립트**
> W: 자, 손님 차례입니다. 앉으세요. 어떻게 커트해 드릴까요? | M: I'd like it maybe half an inch shorter. | W: 샴푸해 드릴까요? | M: No, that's not necessary. | W: (이발 후에) 어떻습니까? | M: Just fine.

SCENE 15 　호텔에서의 문제

🙍‍♀️ Housekeeping. May I help you?

🙍‍♂️ TV가 안 나와요. 점검할 사람을 보내 주시겠어요?

🙍‍♀️ Sure. What's your room number?

🙍‍♂️ 1245호입니다.

🙍‍♀️ I'll send someone right away.

PART 2 실전활용: 상황별 영어회화 표현

해석 스크립트

W: 객실 관리과입니다. 뭘 도와 드릴까요? | M: The TV doesn't work. Could you send someone to check it? | W: 네, 방 번호가 어떻게 되죠? | M: Room 1245. | W: 즉시 사람을 보내 드리겠습니다.

SCENE 16 mp3 144 : 체크아웃 할 때

🗣️ 지금 체크아웃 하고 싶은데요.

👩 Just a minute. Here's your bill. That's 275 dollars and 95 cents. Do you plan to pay with your Master-Card?

🗣️ 네, 이 요금이 뭔지 알려 주실래요?

👩 That's for room service.

🗣️ Oh, I remember.

👩 Could you sign here? (pause) Thank you very much.

해석 스크립트

M: I'd like to check out now. | W: 잠깐만 기다리세요. 계산서 여기 있어요. 275달러 95센트입니다. 마스터 카드로 지불하실 건가요? | M: Yes. Can you tell me what this charge is? | W: 룸서비스 대금입니다. | M: 아, 기억나네요. | W: 여기에 서명해 주시겠어요? (잠시 후) 고맙습니다.

01. 식당 예약·예약 취소 02. 식당 입구에서 03. 식사 주문 04. 식사 중에

Chapter 3

식사

06. 계산   07. 패스트푸드점   08. 커피숍·주점   II Let's Talk!

식당 예약·예약 취소

저녁 식사를 하려면 예약해야 되나요?	**I'm wondering whether we need a reservation for dinner.** 아임 원더링 웨더- 위 니잇-더 뤠저-베이션 포- 디너-
예약하지 않으셔도 됩니다.	**You don't need a reservation.** 유- 도운트 니잇-더 뤠저-베이션
인터넷으로 예약해도 돼요?	**Can I make a reservation online?** 캐나이 메이-커 뤠저-베이션 온라인
오늘 밤 7시쯤에 저녁식사를 예약하고 싶은데요.	**I'd like to make a reservation for dinner tonight around seven o'clock.** 아이들 라익 트 메이-커 뤠저-베이션 포- 디너- 트나잇 아롸운- 쎄븐 어클락-
오늘 저녁은 예약이 다 찼습니다.	**We are booked out for tonight.** 위 아- 북-트 아웃 포- 트나잇
오늘 밤 6시에 세 사람 자리를 예약할 수 있어요?	**Can I reserve a table for three at 6 tonight?** 캐나이 뤼저-버 테이벌 포- 뜨뤼 앳 씩스 트나잇
흡연석으로 하시겠어요, 금연석으로 하시겠어요?	**Would you prefer a table in the smoking or nonsmoking section?** 으쥬- 프뤼풔-러 테이벌 인 더 스모우킹 오- 논스모우킹 쎅션

흡연석으로 해 주세요.	**We'd like a table in the smoking section.** 위들 라이-커 테이벌 인 더 스모우킹 쎅션
오늘밤 예약을 취소해야겠어요.	**I have to cancel the reservation for tonight.** 아이 햅트 캔-쓸 더 뤠저-베이션 포- 트나잇
제 이름은 데이비드 박인데, 오늘 밤 7시 예약을 취소하고 싶은데요.	**My name is David Park, and I'd like to cancel my reservation for 7 tonight.** 마이 네임 이즈 데이빗 팍 앤 아이들 라익 트 캔-쓸 마이 뤠저-베이션 포- 쎄븐 트나잇
예약 날짜를 다시 잡고 싶은데요.	**I'd like to reschedule a reservation.** 아이들 라익 트 뤼-스케쥬어 어 뤠저-베이션
어떤 이름으로 예약하셨어요?	**What name is it under?** 왓 네임 이즈 잇 언더-
6시에 박이라는 이름으로 예약했어요.	**It's under Park at 6 o'clock.** 이츠 언더- 팍 앳 씩스 어클락-
다시 한 번 확인해 주세요.	**Please check again.** 플리이즈 첵 어겐-

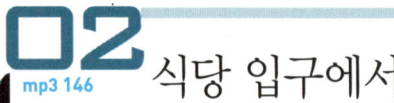
식당 입구에서

6시에 예약을 했어요.	**We have a reservation for six o'clock.** 위 해-버 뤠저-베이션 포- 씩스 어클락-
예약 손님이 아니어도 받아요?	**Are you taking walk-ins?** 아- 유 테이킹 워억-킨스
예약은 안 했는데 두 사람 자리 있어요?	**We don't have a reservation, but do you have a table for two?** 위 도운 해-버 뤠저-베이션 벗 드유- 해-버 테이벌 포- 투-
테이블이 준비될 때까지 저기서 기다려 주세요.	**Please wait there until your table is ready.** 플리즈 웨잇 데어- 언틸- 유어- 테이벌 이즈 뤠디
얼마나 기다려야 하나요?	**How long is the wait?** 하울롱 이즈 더 웨잇
대기자가 얼마나 돼요?	**How many parties are ahead of us?** 하우 메니 파티즈 아- 어헷 오브 어스
대기자 명단에 이름을 올려주세요.	**I'd like to be on the waiting list.** 아이들 라익 트 비 온 더 웨이링 리스트
바에서 기다릴 게요.	**We'll wait in the bar.** 위일 웨잇 인 더 바-

PART 2 실전활용: 상황별 영어회화 표현

자리가 나면 문자를 주시겠어요?	**Can you text us when our table is ready?** 캐뉴- 텍스트 어스 웬 아우어- 테이벌 이즈 뤠리
금연석으로 부탁합니다.	**Non-smoking, please.** 논스모우킹 플리이즈
창가 쪽에 자리가 있나요?	**Could we have a seat by the window?** 쿳위 해-버 씨잇 바이 더 윈도우
될 수 있으면 칸막이된 자리로 주세요.	**We'd like a booth, if possible.** 위들 라이-커 부쓰 이프 파-써블
될 수 있으면 조용한 구석 자리로 해 주세요.	**We'd like to have a table in a quiet corner, if possible.** 위들 라익 트 해-버 테이벌 이너 콰이엇- 코-너- 이프 파-써블
곧 한 사람이 더 올 거예요.	**One more person will be coming soon.** 원 모어- 퍼슨 윌 비 커밍 쑨
여기 한 사람 더 앉아도 돼요?	**May we sit one more person here?** 메이 위 씻 원 모어- 퍼슨 히어-
저 자리로 옮겨도 되나요?	**Could we move to that table over there?** 쿳위 무-브 트 댓 테이벌 오우버- 데어-

03 식사 주문

메뉴를 볼 수 있어요?	**Can I see a menu?** 캐나이 씨- 어 메뉴
한국어 메뉴 있어요?	**Do you have a menu in Korean?** 드 유 해-버 메뉴 인 커뤼언
결정하셨어요?	**Have you decided yet?** 해-뷰 디싸이딧 옛
좀 더 생각할 시간을 주시겠어요?	**Could you give us a little more time, please?** 크쥬- 기버-스 어 리를 모어- 타임 플리이즈
결정되면 부를게요.	**We'll call you when we've decided.** 위일 콜- 유 웬 위브 디싸이딧
와인을 잔으로 주문해도 되나요?	**May I order a glass of wine?** 메아이 오-러 어 글래-스 옵 와인
싸고 좋은 와인을 골라 주시겠어요?	**Could you recommend some good inexpensive wine?** 크쥬 뤠커멘- 썸 구웃- 인익스펜씹 와인
오늘의 특선 요리는 뭐죠?	**What's today's special?** 와츠 트데이즈 스페셜

PART 2 실전활용: **상황별 영어회화 표현**

이 요리는 어떤 요리죠?	**What kind of dish is this?**
	왓 카인돕 디쉬 이즈 디스

뭐가 빨리 되죠?	**What can you serve quickly?**
	왓 캐뉴- 써-브 퀴클리

나눠 먹기 좋은 음식이 뭐예요?	**What's good for sharing?**
	와츠 구웃 포- 쉐어링

옆 테이블과 같은 요리로 주세요.	**I'd like to have the same dish as the next table.**
	아이들 라익 트 햅 더 쎄임 디쉬 애즈 더 넥스트 테이벌

티본 스테이크 하고 야채 샐러드 주세요.	**I'd like the T-bone steak and green salad.**
	아이들 라익 더 티-보운 스테이크 앤 그뤼인 쌜-러드

스테이크를 어떻게 요리해 드릴까요?	**How do you like your steak done?**
	하우 드유- 라익 유어- 스테이크 던

바짝 익혀 주세요.	**Well-done, please.**
	웰-던 플리이즈

저도 같은 걸로 약간만 익혀 주세요.	**I'll have the same, but please make mine rare.**
	아일 해-브 더 쎄임 벗 플리이즈 메익- 마인 뤠어-

04 식사 중에

주문한 요리가 아직 안 나왔어요.	**My order hasn't come yet.** 마이 오-러 해즌 컴 옛
이건 제가 주문한 요리가 아닌데요.	**I'm afraid that this is not what I ordered.** 아임 어프뤠잇 댓 디스 이즈 낫 왓 아이 오-러드
이건 제가 주문한 요리와 다른 것 같은데요.	**I think this looks different from what I ordered.** 아이 띵크 디스 룩스 디풔뤈트 프륌 왓 아이 오-러드
로스트비프를 주문했어요.	**I ordered roast beef.** 아이 오-러드 로우스트 비-프
프렌치드레싱을 부탁했는데 이건 블루치즈네요.	**I asked for French dressing, but this is blue cheese.** 아이 애-스크드 포- 프렌취 드뤠싱 벗 디스 이즈 블루- 취즈
이걸 바꿔 주시겠어요?	**Will you change this?** 윌 류 췌인쥐 디스
이건 너무 익혔군요.	**This is overcooked.** 디스 이즈 오우버-쿡트
이건 너무 짜서 못 먹겠어요.	**This is too salty to eat.** 디스 이즈 투 쏠-티 트 이잇

주문을 바꿔도 되나요?	**May I change my order?**
	메이 췌인쥐 마이 오-러-

메뉴를 다시 봐도 될까요?	**Could I look at the menu again?**
	크다이 루-캣 더 메뉴- 어겐-

프렌치프라이 하나 더 주세요.	**I'd like another order of French fries.**
	아이들 라익 어나더- 오-러- 옵 프랜취 프라이스

빵을 더 주시겠어요?	**Could I have some more bread?**
	크다이 햅 썸 모어- 브렛-

새 접시를 갖다 주시겠습니까?	**Could you bring me another plate?**
	크쥬- 브륑 미 어나더- 플레이트

그릇 좀 치워 주세요.	**Please take these plates away.**
	플리즈 테익 디-즈 플레이츠 어웨이

더 필요하신 건 없으세요?	**Is everything all right?**
	이즈 에브뤼띵 올-롸잇

식사 다 하셨어요?	**Are you all done with your meal?**
	아- 유- 올- 던 윗 유어- 미일

Chapter 3 식사

05 디저트 주문

mp3 149

디저트를 주시겠어요?	**Can I have a dessert, please?** 캐나이 해버 디저트 플리즈	
디저트는 아이스크림으로 할게요.	**I'll have ice cream for dessert.** 아일 햅 아이스 크뤼임 포 디저트	
디저트를 주문하시겠어요?	**Would you like to order dessert?** 으쥬 라익 트 오러 디저트	
디저트로 뭐가 좋겠어요?	**What would you recommend for dessert?** 왓 으쥬 뤠커맨 포 디저트	
이 식사에 커피가 같이 나와요?	**Is coffee included with this meal?** 이즈 커퓌 인클루딧 윗 디스 미일	
디저트 메뉴를 볼 수 있을까요?	**May I see the dessert menu?** 메아이 씨 더 디저트 메뉴	
이건 어떤 치즈죠?	**What kind of cheese is this?** 왓 카인 돕 취즈 이즈 디스	
이것을 주세요.	**I'll have this one.** 아일 햅 디스 원	

PART 2 실전활용: 상황별 영어회화 표현

특별 후식이 있어요?	**Do you have any special desserts?**
	드유- 햅 에니 스페셜 디저츠

그걸 조금만 주실래요?	**May I have just a little of it?**
	메아이 햅 져스트 어 리를 오브 잇

디저트는 생략할게요.	**I'll skip the dessert.**
	아일 스킵 더 디저-트

디저트는 됐고, 커피만 주세요.	**No dessert, thank you. Just coffee, please.**
	노우 디저-트 땡큐 져스트 커-퓌 플리즈

디저트는 나중에 주문할게요.	**I'll order dessert later.**
	아일 오- 러- 디저-트 레이러-

디저트 대신 과일을 주실래요?	**Can I have some fruit instead of a dessert?**
	캐나이 햅 썸 프루트 인스텟 옵 어 디저-트

과일은 어떤 게 있어요?	**What kind of fruit do you have?**
	왓 카인-돕 프루웃 드유- 햅

아직 다 먹지 않았어요.	**I'm not finished.**
	아임 낫 퓌니쉬드

06 계산

| 계산서 좀 갖다 주실래요? | **Could I have the check?** 크다이 햅 더 췍 |

| 어디서 계산하죠? | **Where do I pay?** 웨어- 드아이 페이 |

| 각자 계산하고 싶은데요. | **We'd like to pay separately.** 위들 라익 트 페이 쎄퍼륏를리 |

| 제가 우리 세 사람 것을 지불할게요. | **I'll pay for the three of us.** 아일 페이 포- 더 뜨뤼 오-버스 |

| 이 신용카드 받아요? | **Do you accept this credit card?** 드유- 엑셉트 디스 크뤠딧 카드 |

| 계산서에 팁이 포함되어 있어요? | **Is the tip included in the check?** 이즈 더 팁 인클루릿 인 더 췍 |

| 어디에 서명을 해야 하죠? | **Where should I sign?** 웨어- 슈다이 싸인 |

| 합계가 틀린 것 같은데요. | **I think this is added up wrong.** 아이 띵크 디스 이즈 애-리드 업 륑- |

PART 2 실전활용: 상황별 영어회화 표현

맥주는 주문하지 않았어요.	**We didn't order beer.**
	위 디든 오-러- 비어-

계산서를 다시 확인해 주시겠어요?	**Could you check our bill again?**
	크쥬- 첵 아우어- 빌- 어겐

이 요금은 뭐죠?	**What is this charge for?**
	와리즈 디스 촤-쥐 포-

여기서 지불해도 되나요?	**Can I pay here?**
	캐나이 페이 히어-

봉사료가 포함되어 있어요?	**Is the service charge included?**
	이즈 더 써-비스 촤-쥐 인클루-릿

전부해서 얼마죠?	**How much is the total?**
	하우 머취 이즈 더 토우틀

영수증을 주시겠어요?	**May I have a receipt, please?**
	메아이 해-버 뤼씨-트 플리이즈

거스름돈이 틀려요.	**You gave me the wrong change.**
	유 게이브 미 더 뤙 췌인쥐

07 패스트푸드점

햄버거 두 개하고 초콜릿 셰이크 두 잔 주세요.	**Two hamburgers and two chocolate shakes, please.** 투 햄-버-거-즈 앤 투- 쵸-콜릿 쉐익스 플리이즈
여기서 드실 건가요, 가져가실 건가요?	**For here or to go?** 포- 히어- 오- 트 고우
여기서 먹을 겁니다.	**Here, please. / I'll eat here.** 히어- 플리이즈 / 아일 이잇- 히어-
가지고 갈 겁니다.	**To go, please.** 트 고우 플리이즈
햄버거에 뭘 넣어 드릴까요?	**What would you like on your hamburgers?** 왓 으쥬- 라익 온 유어- 햄-버-거-즈
양파는 많이 넣지 마세요.	**Take it easy on the onions.** 테이-킷 이-지 온 디 어니언즈
양파만 빼고 전부 넣어 주세요.	**Everything except onions, please.** 에브뤼띵 익쎕트 어니언즈 플리이즈
상추하고 피클을 넣어 주세요.	**Lettuce and pickles, please.** 레러스 앤 피클즈 플리이즈

PART 2 실전활용: 상황별 영어회화 표현

햄버거 두 개 싸 주세요.	**Two hamburgers to go, please.** 투 햄-버-거-즈 트 고우 플리이즈
가게 안에서 먹어도 되나요?	**Can I eat in the shop?** 캐나이 이잇 인 더 샵
겨자와 케첩을 넣어 드릴까요?	**Would you like mustard and ketchup?** 으쥬- 라익 머스터-드 앤 케쳡
다른 주문할 것은 없으세요?	**Anything else?** 에니띵 엘스
샌드위치(핫 도그) 있어요?	**Can I have a sandwich(hot dog)?** 캐나이 해-버 쌘-드위취(핫 도그)
세트메뉴는 뭐가 있어요?	**What kind of combos do you have?** 왓 카인돕 컴보우즈 드유- 햅
케첩 좀 더 주실래요?	**Could I have some more ketchup?** 크다이 햅 썸 모어- 케쳡
포크는 어디 있어요?	**Where can I get forks?** 웨어- 캐나이 겟 포-크스

08 커피숍·주점

mp3 152

어떤 걸 드릴까요?	**What would you like?** 왓 으쥬- 라익
찬 걸 좀 주세요.	**I'd like something cold.** 아이들 라익 썸띵 코울드
오렌지 주스 어때요?	**How about orange juice?** 하우-바웃 오-린쥐 쥬-스
레모네이드로 주세요.	**I'll have a lemonade.** 아일 해-버 레머네이드
생과일 주스 있어요?	**Do you have anything fresh-squeezed?** 드유- 햅- 에니띵 프뤠쉬 스퀴-즈드
더 큰 잔에 주실래요?	**Can you pour that in a larger cup?** 캐뉴- 포어- 댓 이너 라-쥐- 컵
커피하고 초콜릿 케이크로 주세요.	**I'll have a coffee and a piece of chocolate cake.** 아일 해-버 커-퓌 앤 어 피-스 옵 쵸-콜럿 케익-
필요한 게 있으면 벨을 누르세요.	**Ring the bell if you need me.** 륑 더 벨- 이퓨 니잇- 미

PART 2 실전활용: 상황별 영어회화 표현

리필해 주실래요?	**Can I get a refill?**
	캐나이 게-러 뤼-퓔-

맥주 한 병 주세요.	**One beer, please.**
	원 비어- 플리이즈

생맥주로 하시겠어요, 병 맥주로 하시겠어요?	**On tap or bottled?**
	온 탭 오- 바틀드

수입 맥주 있어요?	**Do you have imported beer?**
	드유- 햅 임포-릿 비어-

피처 하나하고 잔 네 개 주세요.	**I'll take one pitcher with four glasses.**
	아일 테익 원 피춰- 윗 포어- 글래-씨스

얼음을 넣은 위스키 한 잔 주세요.	**I'll get a glass of whisky on the rocks.**
	아일 게-러 글래-스 옵 위스키 온 더 롹스

한잔 더 주실래요?	**Can I have another glass?**
	캐나이 햅 어너더- 글래-스

거스름돈은 됐습니다.	**Keep the change.**
	키입 더 췌인쥐

현장에서 원어민과 대화한다고 생각하고 말하기 연습을 해 보세요. 먼저 전체 대화 내용을 듣고, 신호음이 들리면 앞에 나온 표현을 그대로 이용하거나 응용해서 우리말 부분을 영어로 말해 보세요.

SCENE 01 식당을 예약할 때

🧑 (전화로) 오늘 밤 6시에 세 사람 자리를 예약할 수 있어요?

👩 Do you prefer a table in the smoking or non-smoking section?

🧑 금연석으로 부탁해요.

👩 May I have your name?

🧑 Kim.

👩 That's a table for three, non-smoking, at 6 o'clock. Thank you, Mr. Kim.

🧑 Thank you.

> **해석 스크립트**
> M: Can I reserve a table for three at 6 tonight? | W: 흡연석으로 하시겠어요, 금연석으로 하시겠어요? | M: Non-smoking, please. | W: 성함이 어떻게 되세요? | M: 김입니다. | W: 6시에 금연석으로 세 분 좌석 예약하셨습니다. 감사합니다. 김 선생님. | M: 감사합니다.

SCENE 02 식당 예약을 취소할 때

🧑 (전화로) 제 이름은 김인데요, 오늘 밤 8시 예약을 취소하고 싶은데요.

👩 Just a minute, please. Yes, Mr. Kim, I'll cancel your reservation tonight. I hope you'll dine with us another time.

🧑 그렇게 하지요. 고맙습니다.

👩 You're welcome. Have a good day.

> **해석 스크립트**
>
> M: My name is Kim, and I'd like to cancel my reservation for 8 tonight. | W: 잠깐만 기다리세요. 네, 김 선생님, 오늘밤 예약을 취소해 드릴게요. 언제 다시 저희 식당을 이용해 주시길 바랍니다. | M: I hope to. Thank you. | W: 별 말씀을요. 좋은 하루 보내세요.

SCENE 03 식당 입구에서

🧑 예약은 안 했는데 세 사람 자리 있어요?

👩 Well, we don't have one now, but one should be available soon.

🧑 얼마나 기다려야 하죠?

👩 About 15 minutes, I think. Would you mind waiting over there? I'll call your name when a table is available.

🧑 All right.

👩 May I have your name?

🧑 Kim. K-I-M.

👩 Thank you, Mr. Kim. I'll call you as soon as a table is available.

> **해석 스크립트**
>
> M: We don't have a reservation, but do you have a table for three available? | W: 지금은 자리가 없습니다만, 곧 한 자리 날 것 같습니다. | M: How long will we have to wait? | W: 15분 정도 같은데요. 저쪽에서 기다려 주시겠어요? 자리가 나면 성함을 부르겠습니다. | M: 좋아요. | W: 성함이 어떻게 되세요? | M: 김입니다. 케이-아이-엠. | W: 고맙습니다. 김 선생님. 자리가 나면 부르겠습니다.

SCENE 04 자리에 안내 받을 때

👩 Two for dinner?

🧑 Yes.

👩 Smoking or non?

🙂 금연석으로 주세요.

🙂 Is this table all right?

🙂 저, 가능하면 저쪽 칸막이된 자리가 좋겠는데요.

🙂 Sorry, but all booths are reserved tonight.

> **해석 스크립트**
>
> W: 저녁식사 하실 두 분이시죠? | M: 네. | W: 흡연석으로 하시겠어요, 금연석으로 하시겠어요? | M: Non-smoking, please. | W: 이 자리면 괜찮으시겠어요? | M: Well, we'd like a booth over there, if possible. | W: 죄송하지만 오늘 밤 칸막이 석은 모두 예약이 되었습니다.

SCENE 05 음식을 주문할 때

🙂 Are you ready to order?

🙂 네. 스테이크 요리로 주세요.

🙂 How do you want that cooked?

🙂 바짝 익혀 주세요.

🙂 Would you like soup or salad?

🙂 I'd like salad with blue cheese dressing.

🙂 What kind of potato?

🙂 통감자 구이에 버터와 샤워 크림을 얹어 주세요.

> **해석 스크립트**
>
> M: 주문하시겠어요? | W: Yes, I'd like a steak dinner. | M: 스테이크를 어떻게 요리해 드릴까요? | W: Well-done, please. | M: 수프로 하시겠어요, 아니면 샐러드로 하시겠어요? | W: 블루치즈 드레싱을 친 샐러드로 주세요. | M: 감자는 어떤 것을 드시겠어요? | W: Baked potato with butter and sour cream.

*PART 2 실전활용: **상황별 영어회화 표현***

SCENE 06 주문이 잘못되었을 때

🧑 이건 제가 주문한 요리가 아닌데요.

👩 Didn't you order a steak?

🧑 네. 로스트비프를 주문했어요. 이걸 바꿔 주시겠어요?

👩 Oh, yes. You did order roast beef. I'll get it right away.

> **해석 스크립트**
>
> M: I'm afraid that this is not what I ordered. | W: 스테이크를 주문하지 않으셨나요? | M: No, I ordered roast beef. Could you change this? | W: 아, 그렇군요. 로스트비프를 주문하셨네요. 금방 갖다 드리겠습니다.

SCENE 07 식사 중에

🧑 메뉴를 다시 볼 수 있을까요?

👩 Certainly, just a minute. (After a while)

🧑 버섯 수프를 하나 주세요.

👩 Anything else?

🧑 No, that's all.

> **해석 스크립트**
>
> M: May I see the menu again? | W: 그럼요, 잠깐만 기다리세요. (잠시 후) | M: I'd like a bowl of mushroom soup. | W: 더 필요한 건 없으세요? | M: 네, 그게 다예요.

SCENE 08 디저트를 주문할 때

🧑 디저트 메뉴를 볼 수 있을까요?

👩 Sure. (After a while) Here it is.

🧑 (looking at the menu) 바나나 스플릿과 커피를 먹고 싶은데요.

> 해석 스크립트

M: May I see the dessert menu? | W: 네. (잠시 후) 메뉴 여기 있습니다. | M: (메뉴를 보며) I'd like to have a banana split and coffee.

SCENE 09 : 계산할 때

🙍 계산서 좀 갖다 주실래요?

🙎 Sure. (After a while) Here you are.

🙍 마스터 카드 돼요?

🙎 Sure. No problem. (After a while) Could you write in the total and sign here?

🙍 OK. Thank you.

🙎 Thank you very much.

> 해석 스크립트

W: Could I have the check? | M: 네. (잠시 후) 여기 있습니다. | W: Do you take Master Card? | M: 네. 됩니다. (잠시 후) 총액을 쓰시고 여기에 서명해 주시겠어요? | W: 좋아요. 고마워요. | M: 대단히 감사합니다.

SCENE 10 : 햄버거 가게에서

🙎 더블 버거 두 개하고 콜라 작은 거 두 잔 주세요.

🙍 For here or to go?

🙎 Here, please.

🙍 What would you like on your hamburgers?

🙎 양파만 빼고 전부 넣어 주세요.

> 해석 스크립트

M: Two double burgers and two small Cokes, please. | W: 여기서 드실 건가요, 가져가실 건가요? | M: 여기서 먹을 겁니다. | W: 햄버거에 뭘 넣어 드릴까요? | M: Everything except onions, please.

PART 2 실전활용: 상황별 영어회화 표현

SCENE 11 : 커피숍에서

🧑 저 커피숍에 잠깐 들렀다 가자.

👩 That's a good idea. (Inside the coffee shop)

🧑 What would you like to have?

👩 I'll have a lemonade.

👩 I'll have a coffee and a piece of carrot cake.

🧑 나도 치즈 케이크 한 조각 주세요.

해석 스크립트

M: Let's stop at that coffee shop. | W1: 좋아. | (커피숍 안에서) W2: 뭘 드시겠어요? | M: 레모네이드 주세요. | W1: 커피하고 당근 케이크 한 조각 주세요. | M: I'll have a piece of cheese cake, too.

SCENE 12 : 바에서

👩 맥주 한 병 주세요.

🧑 On tap or bottled?

👩 병맥주로 주세요.

🧑 Which size?

👩 This size, please.

🧑 OK. $2.50.

👩 여기 있어요. 거스름돈은 됐어요.

해석 스크립트

W: One beer, please. | M: 생맥주로 하시겠어요, 병맥주로 하시겠어요? | W: Bottled, please. | M: 어떤 크기로 드릴까요? | W: 이 크기로 주세요. | M: 알겠습니다. 2달러 50센트입니다. | W: Here you are. Keep the change.

01. 교통편 묻기 02. 택시 03. 시내버스·셔틀버스 04. 지하철 05. 비행기 예약

Chapter 4

교통

06. 장거리버스　07. 렌터카　08. 운전 중에·자동차 반납　｜｜ Let's Talk!

교통편 묻기

버스로 센트럴 스테이션에 갈 수 있어요?	**Can I get to Central Station by bus?** 캐나이 겟 트 쎈츄뤌 스테이션 바이 버스
사우스 스테이션에 어떻게 가는 게 제일 좋아요?	**What's the best way to get to South Station?** 와츠 더 베스트 웨이 트 겟 트 싸우쓰 스테이션
전차를 타시면 됩니다.	**You could take a streetcar.** 유- 쿳 테이-커 스트릿카-
가장 가까운 버스 정류장은 어디에 있어요?	**Where's the nearest bus stop?** 웨어-즈 더 니어-뤼스트 버스 스탑
저 빌딩 옆이에요. 4번 버스를 타세요.	**It's next to that building. Take the No. 4 bus.** 이츠 넥스트 트 댓 빌딩　　테익 더 넘버- 포어- 버스
대중교통편으로 국립박물관에 쉽게 갈 수 있어요?	**Can I get to the National Museum easily by public transportation?** 캐나이 겟 트 더 내-셔널 뮤지-엄 이-즐리 바이 퍼블릭 트랜스퍼-테이션
어려워요. 택시로 가시는 게 좋아요.	**It's difficult. You'd better go by taxi.** 이츠 디퓌컬트　　유드 베러- 고우 바이 택-씨
시내 교통편 1일 승차권 있어요?	**Do you have a one-day pass for city transportation?** 드유- 해버 원 데이 패스 포- 씨리 트랜스퍼-테이션

PART 2 실전활용: 상황별 영어회화 표현

시카고에서 볼티모어까지 열차 시간표가 어떻게 되죠?	**What is the schedule for trains from Chicago to Baltimore?** 와리즈 더 스케쥬어- 포- 트뤠인스 프뤔 쉬카-고우 트 벌-티모어-
뉴욕에서 덴버까지 가는 직항편은 없어요?	**Do you have any nonstop flights from New York City to Denver?** 드유- 햅 에니 난스탑- 플라이츠 프뤔 뉴-욕 트 덴버-
LA에서 오스틴 가는 비행기가 몇 시에 있어요?	**What time are your flights from LA to Austin?** 왓 타임 아- 유어- 플라이츠 프뤔 엘에이 트 어-스틴
뉴욕에서 뉴올리언스 가는 버스 편에 대해 물어보고 싶은데요.	**I'd like to ask about buses from New York City to New Orleans.** 아이들 라익 트 애-스크 어바웃 버씨즈 프뤔 뉴-욕 씨리 트 뉴-올리언즈
시간표와 요금이 어떻게 되는지 알려 주시겠어요?	**Can you tell me what the schedule and the fare is?** 캐뉴- 텔- 미 왓 더 스케쥬어- 앤 더 풰어-리즈
오전에 출발하실 건가요, 오후에 출발하실 건가요?	**Are you planning to leave in the morning or afternoon?** 아- 유 플래-닝 트 리-브 인 더 모-닝 오-; 애-프터-누운
가능하다면 월요일 오후에 출발할 예정이에요.	**I'm leaving next Monday, in the evening, if possible.** 아임 리-빙 넥스트 먼데이 인 디 이-브닝 이프 파써블

Chapter 4 교통

택시

택시를 불러 주겠어요?	**Will you call a taxi for me?** 윌류- 콜-러 택-씨 포- 미
어디서 택시를 잡을 수 있어요?	**Where can I find a taxi?** 웨어- 캐나이 퐈인-더 택-씨
카로 타워까지 요금이 얼마죠?	**How much does it cost to the Carew Tower?** 하우 머춰 더-짓 코-스트 트 더 카로우 타우워-
카로 타워까지 얼마나 걸려요?	**How long does it take to get to the Carew Tower?** 하울롱 더-짓 테익 트 겟 트 더 카로우 타우워-
링컨 공원으로 가 주세요.	**Please take me to Lincoln Park.** 플리이즈 테익 미 트 링컨- 파-크
8시까지 공항에 도착할 수 있어요?	**Can we get to the airport by eight?** 캔 위 겟 트 디 에어-포엇 바이 에잇
야간 할증이 있나요?	**Is there an extra charge at night?** 이즈 데어-런 엑스트뤼 촤-쥐 앳 나잇
미터기를 켜 주시겠어요?	**Will you start the meter?** 윌류- 스타앗 더 미-러-

PART 2 실전활용: 상황별 영어회화 표현

다음 모퉁이에서 우회전하세요.	**Turn right at the next corner.** 터언 롸잇 앳 더 넥스트 코-너
저기서 내려 주세요.	**Let me out over there.** 렛 미 아웃 오우버- 데어-
저 붉은색 건물 앞에서 세워 주세요.	**Please stop in front of that red building.** 플리즈 스탑 인 프뤈툽 댓 뤳 빌딩
얼마를 드리면 되죠?	**How much do I owe you? / How much is the fare?** 하-머취 드아이 오우 유- / 하-머취 이즈 더 풰어-
요금이 너무 많이 나왔어요.	**The fare is too much.** 더 풰어- 이즈 투- 머취
미터기 요금보다 더 달라고 하시는군요. 미터기는 20달러인데요.	**The fare you're asking is higher than the meter. The meter says 20 dollars.** 더 풰어- 유아- 애-스킹 이즈 하이어- 덴 디 미-러- 더 미-러 쎄즈 트웨니 달-러즈
추가요금이 있나요?	**Is there an extra charge?** 이즈 데어런 엑스트뤄 촤-쥐
신용카드 받아요?	**Do you take credit cards?** 드유- 테익 크뤠딧 카-즈

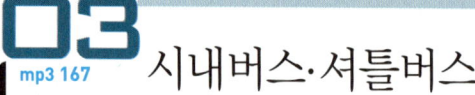

03 시내버스·셔틀버스

유니언 스퀘어에 가려면 몇 번 버스를 타야 하죠?	**Which bus should I take to Union Square?** 위취 버스 슈다이 테이크 트 유-니언 스퀘어-
저 영화관 앞에서 탈 수 있어요.	**You can get on in front of that movie theater.** 유- 캔 게-론 인 프뤈-톱 댓 무-비 띠-어러-
센트럴 스테이션 가는 버스가 여기 있어요?	**Can I take a bus to Central Station from here?** 캐나이 테이-커 버스 트 쎈츄럴 스테이션 프뤔 히어-
유니언 스퀘어에 가요?	**Do you go to Union Square?** 드유- 고우 트 유-니언 스퀘어-
그쪽 방향으로 가는 다른 버스는 없나요?	**Are there any other buses heading in that direction?** 아- 데어- 에니 아더- 버씨즈 헤-링 인 댓 드뤡션
파크 애비뉴로 가는 버스인가요?	**Is this the bus to Park Avenue?** 이즈 디스 더 버스 트 파-크 애-버뉴-
파크 애비뉴에 가려면 어디서 버스를 갈아 타야죠?	**Where should I change buses to get to Park Avenue?** 웨어- 슈다이 췌인쥐 버씨즈 트 게-트 파-크 애버뉴-
유니언 스퀘어에 도착하면 알려 주시겠어요?	**Would you mind telling me when we arrive at Union Square?** 으쥬- 마인 텔링 미 웬 위 어롸이-뱃 유-니언 스퀘어-

*PART 2 실전활용: **상황별 영어회화 표현***

다음 정류장에서 내릴 게요.	**I'll get off at the next bus stop.** 아일 게-로프 앳 더 넥스트 버스 스탑
택시 외에 쇼핑하러 가는 다른 방법이 없나요?	**Is there any way to go shopping, other than by taxi?** 이즈 데어- 에니 웨이 트 고우 샤핑 아더- 덴 바이 택-씨
어디서 셔틀버스를 탈 수 있어요?	**Where do I catch the shuttle?** 웨어- 드아이 캐-취 더 셔틀
호텔 바로 앞이에요.	**Right in front of the hotel.** 롸잇 인 프뤈톱 더 호우텔
쇼핑센터까지 얼마나 걸려요?	**How long does it take to get to the mall?** 하울롱 더-짓 테익 트 겟 트 더 몰-
호텔로 돌아오는 시간표가 어떻게 되죠?	**What is the schedule for returning to the hotel?** 와리즈 더 스케쥬어- 포- 뤼터어닝 트 더 호우텔
배차간격이 어떻게 되죠?	**How often does the shuttle run?** 하우 오우픈 디즈 더 셔틀 륀
셔틀버스는 몇 시에 출발하죠?	**What time does the shuttle leave?** 왓 타임 디즈 더 셔틀 리-브
셔틀버스 막차는 몇 시죠?	**What time is the last shuttle?** 왓 타임 이즈 더 래-스트 셔틀

04 지하철

mp3 168

가장 가까운 지하철역이 어디죠?	**Where's the nearest subway station?** 웨어-즈 더 니어-뤼스트 써브웨이 스테이션
저 모퉁이에서 왼쪽으로 가시면 입구가 있어요.	**There's an entrance if you turn left at that corner.** 데어-전 엔트뤈스 이퓨 터언 레프트 앳 댓 코-너-
역에 무료 노선도가 있어요?	**Do they have a free route map?** 드 데이 해-버 프뤼- 루-트 맵-
매표소에 무료 노선도가 있어요.	**They have free maps at the ticket booth.** 데이 햅 프뤼- 맵스 앳 더 티킷 부쓰
어디서 표를 살 수 있어요?	**Where can I buy a ticket?** 웨어- 캐나이 바이 어 티킷
저기 자동판매기에서 표를 살 수 있어요.	**You can buy a ticket at the vending machine over there.** 유 캔 바이 어 티킷 앳 더 벤딩 머쉬인 오우버- 데어-
1일 이용권 주실래요?	**Can I buy a one-day pass?** 캐나이 바이 어 원 데이 패스

PART 2 실전활용: 상황별 영어회화 표현

이 노선이 하버드 대학에 갑니까?	**Does this line go to Harvard University?** 더즈 디스 라인 고우 트 하버드 유니버-씨리
센트럴 파크에 가려면 어느 열차를 타야 하죠?	**Which train should I take to Central Park?** 위취 트뤠인 슈다이 테익 트 쎈츄륄 파-크
F 열차를 타세요.	**You should take the F train.** 유 슛 테익 디 에프 트뤠인
뉴욕 역까지 몇 정거장이나 되죠?	**How many train stops to New York Station?** 하우 메니 트뤠인 스탑스 트 뉴-욕 스테이션
센트럴 파크에 가는 막차는 몇 시에 있어요?	**What time does the last train to Central Park leave?** 왓타임 더즈 더 래-스트 트뤠인 트 쎈츄륄 파-크 리-브
하버드 대학에 가려면 어느 역에서 내려야 하죠?	**What station should I get off at to go to Harvard University?** 왓 스테이션 슈다이 게-로프 앳 트 고우 트 하버드 유니버-씨리
국립미술관으로 나가는 출구가 어디죠?	**Which exit is for the National Art Museum?** 위취 엑짓 이즈 포- 더 내-셔널 아-트 뮤지-엄

05 비행기 예약·열차 예약

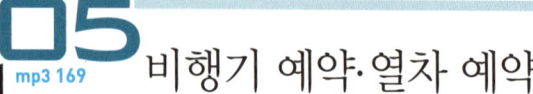

| 10월 18일 오전, 뉴욕에서 버펄로 가는 비행기를 예약하고 싶은데요. | **I'd like to make a reservation on a flight from New York to Buffalo on the morning of October 18th.**
아이들 라익 트 메이-커 뤠저-베이션 오너 플라잇 프륌 뉴-욕 트 버펄로우 온 더 모-닝 오브 억-토우버- 에잇티인쓰 |

| LA를 경유해서 시애틀로 가려고 하는데요. | **I'd like to fly to Seattle via Los Angels.**
아이들 라익 트 플라이 씨애를 비-어 로스 앤-젤러스 |

| 1등석, 비즈니스 석, 일반석 중에 어느 것으로 가실 계획이세요? | **Are you planning to fly first class, business class, or coach?**
아- 유 플래-닝 트 플라이 풔-스트 클래-스 비즈너스 클래-스 오- 코우취 |

| 1등석(비즈니스 석)으로 하겠어요. | **I'd like to fly first(business) class.**
아이들 라익 트 플라이 풔-스트(비즈너스) 클래-스 |

| 비즈니스 석을 이용하려면 얼마를 더 내야 하죠? | **How much more does business class cost?**
하우 머취 모어- 더즈 비즈너스 클래-스 코-스트 |

| 그 편에 예약해 주시겠어요? | **Could you book me on that flight?**
크쥬- 북 미 온 댓 플라잇 |

| 언제 탑승수속을 해야 하죠? | **When should I check in?**
웬 슈다이 췌-킨 |

| 비행기 예약을 재확인하고 싶은데요. | **I'd like to reconfirm my flight.**
아이들 라익 트 뤼컨풔-엄 마이 플라잇 |

PART 2 실전활용: 상황별 영어회화 표현

7월 15일에 출발하는 21편입니다.	**Flight 21 leaving on July the 15th.** 플라잇 트웨니원 리-빙 온 쥴라이 더 핍프티인쓰	

7월 15일에 출발하는 21편입니다. — **Flight 21 leaving on July the 15th.**
플라잇 트웨니원 리-빙 온 쥴라이 더 핍프티인쓰

7월 10일 LA에서 덴버까지 예약하고 싶은데요. — **I'd like to make a reservation for July 10th from LA to Denver.**
아이들 라익 트 메이-커 뤠져-베이션 포- 쥴라이 텐쓰 프뤔 엘에이 트 덴버

고속열차가 있나요? — **Is there a high-speed train?**
이즈 데어-러 하이 스피드 트뤠인

이것들은 지정석입니다. — **These are reserved seating.**
디-즈 아- 뤼저-브드 씨-링

왕복으로 해 주세요. — **Make it round-trip, please.**
메이-킷 롸운- 츄륍 플리이즈

침대차 있어요? — **Do you have berths?**
드유- 햅 버-쓰즈

침대칸을 예약하고 싶은데요. 위층으로 주세요. — **I'd like to reserve a berth. Up, please.**
아이들 라익 트 뤼저-브 어 버-쓰   업 플리이즈

2시 10분 열차의 좌석을 하나 주세요. — **I'd like a seat on the 2:10 train.**
아이들 라이-커 씨잇 온 더 투- 텐 트뤠인

06 장거리버스

오늘 오후 워싱턴으로 가는 버스표 두 장 주세요.	**I'd like two tickets on the bus to Washington this afternoon.** 아이들 라익 투 티키츠 온 더 버스 트 와슁턴 디스 애-프터-누운
그 버스는 몇 시에 출발하죠?	**What time does the bus leave?** 왓 타임 더즈 더 버스 리-브
안내방송이 있을 겁니다.	**You'll hear an announcement.** 유일 히어-언 어나운스먼트
그 버스는 어디서 출발하죠?	**Where does the bus leave from?** 웨어 더즈 더 버스 리-브 프뤔
그 버스는 2번 플랫폼에서 출발합니다.	**The bus will leave from Platform 2.** 더 버스 윌 리-브 프뤔 플랫풔-엄 투-
죄송하지만 마이애미로 가는 막차는 떠났어요.	**Sorry, but the last bus for Miami has already left.** 쏘뤼- 벗 더 래-스트 버스 포- 마이애-미 해즈 올-뤠디 레프트
오전 첫차는 몇 시에 있어요?	**What time is your earliest bus in the morning?** 왓 타임 이즈 유어- 어-리이스트 버스 인 더 모-닝

*PART 2 실전활용: **상황별 영어회화 표현***

가는 길에 휴게소가 있나요?	**Are there any rest stops along the way?**	
	아 데어- 에니 뤠스트 스탑-스 어롱 더 웨이	

이 버스 댈러스 행인가요?	**Is this the bus for Dallas?**	
	이즈 디스 더 버스 포- 댈-러스	

출발까지 얼마나 남았죠?	**How long before the bus leave?**	
	하울롱 비-풔 더 버스 리-브	

이 가방을 탁송하고 싶은데요.	**I'd like to check this suitcase.**	
	아이들 라익 트 췍 디스 수웃케이스	

번호표 여기 있습니다.	**Here's your claim check.**	
	히어-즈 유어- 클레임 췍	

이 여행가방을 버스 밑에 넣어도 될까요?	**Could I put this suitcase under the bus?**	
	크다이 풋 디스 수웃케이스 언더- 더 버스	

여기서 얼마나 정차하죠?	**How long does the bus stop here?**	
	하울롱 더즈 더 버스 스탑 히어-	

여기서 내릴 게요.	**I'll get off here.**	
	아일 게로프 히어-	

Chapter 4 교통

07 렌터카

차를 빌리고 싶은데요.	**I'd like to rent a car.** 아이들 라익 트 뤤터 카-
어떤 크기의 차를 원하세요?	**What size car do you need?** 왓 싸이즈 카 드 유 니잇
소형차(중형차)를 생각하고 있어요.	**(I'd like) A compact(medium-sized) car, I think.** (아이들 라익) 어 컴팩-트(미-디엄 싸이즈드) 카- 아이 띵크
오토매틱 차(수동 차)로 해 주세요.	**I'd like an automatic(a stick shift).** 아이들 라이-컨 오-러매-틱(어 스틱 쉬프트)
에어컨이 있는 차로 해야겠어요.	**I need a car with air conditioning.** 아이 니이-더 카- 윗 에어- 컨디셔닝
내비게이션을 빌리고 싶은데요.	**I'd like to rent a GPS unit.** 아이들 라익 트 뤤터 쥐피에스 유닛
유아용 카시트가 필요해요.	**I need a baby seat.** 아이 니이-더 베이비 씨잇
하루 요금이 얼마죠?	**How much does it cost per day?** 하우 머취 더-짓 코-스트 퍼- 데이

PART 2 실전활용: **상황별 영어회화 표현**

빌리기 전에 차를 봐도 되겠어요?	**Can I see the car before I rent it?** 캐나이 씨- 더 카 비풔- 아이 뤤트 잇
주행거리는 무제한인가요?	**Is there a limit on how far you can go?** 이즈 데어-러 리밋 온 하우 퐈- 유 캔 고우
이 차를 이틀 간 빌리고 싶어요.	**I'd like to rent it for two days.** 아이들 라익 트 뤤-잇 포- 투 데이즈
라스베이거스에서 반납하고 싶은데요.	**I'd like to return it in Las Vegas.** 아이들 라익 트 뤼터언 잇 인 라-스 베이거스
보험을 전부 들어 주세요.	**I'd like full insurance.** 아이들 라익 풀 인슈어뤈스
보험료가 얼마죠?	**How much does that cost?** 하우 머춰 더즈 댓 코-스트
무엇을 보상해 주나요?	**What does that cover?** 왓 더즈 댓 커버-
긴급한 경우 누구한테 연락하면 되죠?	**Who should I contact in case of emergency?** 후 슈다이 컨-택트 인 케이스 옵 이머-뤈씨

운전 중에·자동차 반납

여기가 무슨 거리죠?	**What street is this?** 왓 스트륏- 이즈 디스
뉴욕으로 가는 중인데요. 이 길이 맞아요?	**I'm going to New York. Does this road take me there?** 아임 고우잉 트 뉴-욕 더즈 디스 로우드 테익 미 데어-
거기까지 몇 마일이나 되죠?	**How many miles away is it?** 하우 메니 마일즈 어웨이 이-짓
직진하면 돼요?	**Do I go straight?** 드아이 고우 스트쀄잇
이 지도에서 현재위치를 가르쳐 주시겠어요?	**Could you show me where I am on this map?** 크쥬 쇼우 미 웨어- 아이 엠 온 디스 맵
주유소가 어디 있어요?	**Where is the gas station?** 웨어-리즈 더 가스 스테이션
가득 넣어 주세요.	**Fill it up, please.** 쀨 릿 업 플리이즈
어떻게 주유를 하죠?	**How do I use this gasoline pump?** 하우 드아이 유-즈 디스 개-설린 펌프

*PART 2 실전활용: **상황별 영어회화 표현***

이 길은 일방통행인가요?	**Is this a one-way street?** 이즈 디서 원 웨이 스트릿
배터리를 점검해 주시겠어요?	**Could you check the battery?** 크쥬 췍 더 배-러뤼
어디에 주차하면 되죠?	**Where can I park?** 웨어- 캐나이 파크
노상주차를 해도 되나요?	**Is it all right to park on the road?** 이-짓 올-롸잇 트 파크 온 더 로우드
차를 앞으로 좀 빼 주시겠어요?	**Could you move up a little, please?** 크쥬 무우-법 어 리를 플리이즈
지난 주 빌린 차를 반납하려고요.	**I'm returning a car I rented last week.** 아임 뤼터어닝 어 카- 아이 뤤티드 래-스트 위익
뉴욕에서 빌린 차를 반납하려고요.	**I want to return a car that I rented in New York.** 아이 원-트 뤼터언 어 카- 댓 아이 뤤티드 인 뉴-욕
비자카드로 지불할 게요.	**I'll pay with the Visa.** 아일 페이 윗 더 비-자

LET'S TALK!

현장에서 원어민과 대화한다고 생각하고 말하기 연습을 해 보세요. 먼저 전체 대화 내용을 듣고, 신호음이 들리면 앞에 나온 표현을 그대로 이용하거나 응용해서 우리말 부분을 영어로 말해 보세요.

SCENE 01 mp3 173
시내 교통편을 물을 때

- 노스 스테이션에 어떻게 가는 게 제일 좋아요?
- You could take a bus.
- 가장 가까운 버스 정류장은 어디 있어요?
- Can you see the post office?
- Yes.
- The bus stop is in front of the post office. Take the No.5 bus.
- Thank you.

해석 스크립트

M: What's the best way to get to North Station? | W: 버스를 타시면 됩니다. | M: Where's the nearest bus stop? | W: 우체국이 보이세요? | M: 네. | W: 버스 정류장은 그 우체국 앞에 있어요. 5번 버스를 타세요. | M: 고맙습니다.

SCENE 02 mp3 174
시간표·요금을 물을 때

- Trailways.
- 뉴욕에서 시카고 가는 버스 편에 대해 물어보고 싶은데요. 시간표와 요금이 어떻게 되는지 알려 줄래요?
- One way or round trip?
- One way.
- The fare is $126.95, but if you buy it three days in advance, it's $108.75. Are you planning to leave in the morning, afternoon, or evening?
- In the evening.
- We have a bus leaving New York at 9 p.m. It will arrive in Chicago at 7:35 the following morning.
- OK, thank you.

PART 2 실전활용: 상황별 영어회화 표현

해석 스크립트

M: 트레일웨이즈입니다. | W: I'd like to ask about buses from New York City to Chicago. Can you tell me what the schedule and the fare is? | M: 편도인가요, 왕복인가요? | W: 편도입니다. | M: 요금은 126달러 95센트인데 사흘 전에 예매하시면 108달러 75센트입니다. 오전이나 오후에 가실 계획이세요, 저녁에 가실 계획이세요? | W: 저녁입니다. | M: 저녁 9시에 뉴욕을 출발하는 버스가 있습니다. 다음 날 오전 7시 35분에 시카고에 도착합니다. | W: 알겠습니다. 고맙습니다.

SCENE 03 : 택시를 이용할 때

🔵 팔레스 호텔로 가 주세요.

🟢 OK. (After a while) Here we are the Palace Hotel.

🔵 요금이 얼마죠?

🟢 It's 8 dollars and 70 cents.

🔵 여기 10달러입니다. 거스름돈은 됐어요.

🟢 Thank you.

해석 스크립트

W: Please take me to the Palace Hotel. | M: 네, (잠시 후) 팔레스 호텔에 도착했어요. | W: What's the fare, please? | M: 8달러 70센트입니다. | W: Here's 10 dollars. Keep the change. | M: 고맙습니다.

SCENE 04 : 택시 요금 문제

🔵 얼마를 드리면 되죠?

🟢 20 dollars, Ma'am.

🔵 미터기 요금보다 더 달라고 하시는군요. 미터기는 15달러인데요.

🟢 The night fare is 30% higher than the meter.

🔵 I've never heard of that. I'll go and ask the doorman about it.

🟢 OK. 15 dollars will do.

> 해석 스크립트

W: How much do I owe you? | M: 20달러입니다. 부인. | W: The fare you're asking is higher than the meter. The meter says 15 dollars. | M: 야간에는 미터기 요금에 30%를 추가합니다. | W: 그런 얘긴 들어본 적이 없는데요. 도어맨에게 가서 그것에 대해 물어 보겠어요. | M: 좋아요. 15달러 내세요.

SCENE 05   시내버스를 이용할 때

🧑 이 버스가 오하이오가로 갑니까?

👦 Yes, Ma'am.

🧑 요금이 얼마죠?

👦 75 cents.

🧑 오하이오 가에 도착하면 알려 주시겠어요?

👦 Sure.

> 해석 스크립트

W: Does this bus go to Ohio Street? | M: 네, 부인. | W: What's the fare? | M: 75센트입니다. | W: Could you please tell me when we arrive at Ohio Street? | M: 네.

SCENE 06   셔틀버스를 이용할 때

👦 차가 없어서요. 택시 외에 쇼핑하러 가는 다른 방법이 없나요?

🧑 There's a shuttle to Marine Center. Here's a brochure. As you can see, the shuttle stops at this hotel at twenty minutes after the hour.

👦 호텔로 돌아오는 시간표가 어떻게 되죠?

🧑 A shuttle leaves the mall at five minutes before the hour and arrives here at the hotel at half past the hour.

👦 도와 줘서 고마워요.

🧑 Sure.

PART 2 실전활용: **상황별 영어회화 표현**

> 해석 스크립트

M: I don't have a car. Is there any way to go to a mall, other than by taxi? | W: 마린 센터로 가는 셔틀버스가 있어요. 여기 안내서입니다. 보시다시피 셔틀버스는 매시 20분에 이 호텔에 정차합니다. | M: What is the schedule for returning to the hotel? | W: 셔틀버스는 쇼핑센터를 매시 5분 전에 출발해서 이 호텔에는 매시 30분에 도착합니다. | M: Thanks for your help. | W: 뭘요.

SCENE 07 지하철을 이용할 때

🧑 가장 가까운 지하철역이 어디죠?

👩 The subway entrance is beside that building.

🧑 역에 노선도가 있어요?

👩 Yes, they do. Just ask for it at the booth.

🧑 Thank you.

> 해석 스크립트

M: Where is the nearest subway station? | W: 지하철 입구는 건물 옆에 있어요. | M: Do they have a route map at the station? | W: 있어요. 매표소에서 달라고 하세요. | M: 고맙습니다.

SCENE 08 열차를 예약할 때

👩 Amtrak information and reservations.

🧑 6월 23일 오전 뉴욕에서 시카고까지 예약하고 싶은데요.

👩 We have a train leaving at 9:30 in the morning and that would get you into Chicago at 4:43 the following morning.

🧑 침대차 있어요?

👩 We have a first class roomette. That has a toilet, and it includes meals. That's an additional 100 dollars.

🧑 좌석만 예약하겠습니다.

🙋 OK, could you give me your name?

🧑 Chul-su Lee.

🙋 The fare is 177 dollars. You can pick up your ticket at the train station or any travel agent that handles Amtrak.

> **해석 스크립트**
> W: 앰트랙 안내와 예약실입니다. | M: I'd like to make a reservation for the morning of June 23rd from New York to Chicago. | W: 오전 9시 30분에 떠나서 다음 날 오전 4시 43분에 시카고에 도착하는 열차가 있습니다. | M: Do you have berths? | W: 1등 루멧이 있습니다. 화장실이 있고 식사가 포함됩니다. 백 달러의 추가요금이 있습니다. | M: I think I'll just reserve a seat. | W: 알겠습니다. 성함을 알려 주시겠어요? | M: 이철수입니다. | W: 요금은 177달러입니다. 기차역이나 앰트랙을 취급하는 여행사에서 승차권을 받으시면 됩니다.

SCENE 09   비행기를 예약할 때

🙋 Overland Airlines reservations.

🧑 12월 17일 오전 8시 35분 뉴욕에서 덴버 가는 비행기를 예약하고 싶은데요.

🙋 One way or round trip?

🧑 편도입니다. 일반석으로 가고 싶은데요.

🙋 Could you give me your name?

🧑 Min-ho Park.

🙋 The coach fare is 276 dollars, and you can pick up your ticket at the Overland Airlines counter.

🧑 Thank you.

> **해석 스크립트**
> W: 오버랜드 항공 예약실입니다. | M: I'd like to make a reservation on your 8:35 flight from New York to Denver on the morning of December 17th. | W: 편도입니까, 왕복입니까? | M: One way. And I'd like to fly coach. | W: 성함을 알려 주시겠어요? | M: 박민호입니다. | W: 일반석 요금은 276달러입니다. 표는 오버랜드 항공 카운터에서 받으시면 됩니다. | M: 고맙습니다.

PART 2 실전활용; 상황별 영어회화 표현

SCENE 10 비행기 예약을 재확인할 때

🧑 18일 285편 예약을 재확인하고 싶은데요.

👨 Could I have your name, please?

🧑 Sun-min Lee. L-e-e.

👨 You're confirmed on flight 285, leaving Seattle at 10:02 a.m. on the 18th. Could you give me a local phone number?

🧑 네, 555-1483입니다.

👨 Thank you.

해석 스크립트

W: I'd like to reconfirm my reservation on your flight 285 on the 18th. | M: 성함을 알려 주시겠어요? | W: 이선민입니다. 엘-이-이입니다. | M: 18일 오전 10시 2분에 시애틀을 출발하는 285편에 좌석이 예약되었습니다. 계시는 곳 전화번호를 알려 주시겠어요? | W: Yes. My number is 555-1483. | M: 고맙습니다.

SCENE 11 장거리버스를 이용할 때

👨 오늘 저녁 세인트루이스로 가는 버스표 한 장 주세요.

🧑 That'll be 33 dollars and 94 cents.

👨 버스가 몇 시에 출발하죠?

🧑 It should be leaving at about 10:30. You'll hear an announcement.

👨 버스가 어디서 출발하죠?

🧑 Platform 4.

해석 스크립트

M: I'd like a ticket on the bus to St. Louis this evening. | W: 33달러 94센트입니다. | M: What time does the bus leave? | W: 10시 반 경에 출발합니다. 안내방송이 있을 겁니다. | M: Where does it leave from? | W: 4번 플랫폼입니다.

SCENE 12 자동차를 고를 때

🙂 차를 빌리고 싶은데요.

🙂 OK. What size car do you need?

🙂 대형입니다.

🙂 We could probably give you an Impulse.

🙂 That would be fine.

해석 스크립트

M: I'd like to rent a car. | W: 네, 어떤 크기의 차를 원하세요? | M: A large one. | W: 임펄스를 빌려 드릴 수 있습니다. | M: 좋습니다.

SCENE 13 자동차 보험을 들 때

🙂 We also offer some insurance. Would you like to take the collision damage coverage? It's seven dollars a day.

🙂 무엇을 보상해 주죠?

🙂 It covers the car for damages or if it's stolen.

🙂 네, 그걸 들겠습니다.

🙂 We also have liability, which would cover you for a third party suit. This would cover you up to a million dollars.

🙂 보험료는 얼마죠?

🙂 It's 4 dollars and 55 cents a day. Do you want to take that?

🙂 No, I don't think so.

해석 스크립트

W: 몇 가지 보험이 있는데요. 손해보험을 드시겠어요? 하루에 7달러입니다. | M: What does that cover? | W: 차량의 파손이나 도난을 보상해 드립니다. | M: Yes, I'll take that. | W: 제3자의 소송을 보상해 주는 책임보험도 있습니다. 이것은 백만 달러까지 보상해 드립니다. | M: How much does that cost? | W: 하루에 4달러 55센트입니다. 드시겠어요? | M: 아뇨, 됐습니다.

PART 2 실전활용: 상황별 영어회화 표현

SCENE 14 개인 정보를 줄 때 (mp3 186)

- We'll just need a major credit card and a driver's license. (pause) Is this address current?
- Yes, it is.
- Where will you be staying locally?
- 햄튼 인입니다.
- When do you plan on returning the car?
- 토요일에 반납할 겁니다.
- OK, that would cost you 42 dollars and 99 cents a day, unlimited mileage.

해석 / 스크립트

W: 주요 신용카드와 운전면허증이 필요해요. (잠시 후) 이곳이 현주소입니까? | M: 네. | W: 현지 어디서 묵으실 건가요? | M: At the Hampton Inn. | W: 차를 언제 반납하실 계획이세요? | M: I'll return it Saturday. | W: 네, 거리에 제한 없이 하루에 42달러 99센트입니다.

SCENE 15 자동차를 반납할 때 (mp3 187)

- 지난 주 빌린 차를 반납하려고요.
- OK, could I see your contract?
- Here it is.
- Let's see, three days at 32 dollars and 45 cents per day plus tax comes to 102 dollars and 22 cents. Do you want to pay for that with your American Express card, or do you want to pay cash?
- 아메리칸 익스프레스 카드로 지불할 게요.

해석 / 스크립트

M: I'm returning a car I rented last week. | W: 네, 계약서를 봐도 되겠어요? | M: 여기 있습니다. | W: 그러니까, 하루 당 32달러 45센트에 사흘 쓰셨고 세금을 더하면 102달러 22센트 되겠습니다. 아메리칸 익스프레스로 지불하시겠어요, 현금으로 지불하시겠어요? | M: I'll pay with the American Express card.

01. 전화 걸기·전화 받기 02. 호텔 전화·전화 빌려 쓰기 03. 잘못 걸린 전화·부재중 메시지 남기기 ∥ Let's Talk!

Chapter 5

통신

04. 국제전화 컬렉트콜 05. 우표와 엽서 사기 06. 편지 부치기 07. 소포 부치기

전화 걸기·전화 받기

공중전화가 어디 있는지 가르쳐 줄래요?	**Can you tell me where there's a pay phone?** 캐뉴- 텔- 미 웨어- 데어-저 페이 포운
이 전화 어떻게 거는지 가르쳐 줄래요?	**Will you tell me how to make a call from this phone?** 윌 류- 텔- 미 하우-트 메이-커 콜- 프뤔 디스 포운
시내전화 요금이 얼마죠?	**How much is a local call?** 하우 머취 이-저 로우컬 콜-
전화 좀 받아 주시겠어요?	**Would you answer the phone for me?** 으쥬 앤-써- 더 포운 포- 미
여보세요. 김 선생님 댁입니까?	**Hello. Is this the Kims residence?** 헬로우 이즈 디스 더 킴스 뤠지던스
수전이니?	**Is this Susan?** 이즈 디스 수-존
전 낸시예요.	**This is Nancy.** 디스 이즈 낸-시
프레드 있어요?	**Is Fred there?** 이즈 프뤠드 데어-

*PART 2 실전활용: **상황별 영어회화 표현***

수전 좀 바꿔 주시겠어요?	**May I speak to Susan?** 메아이 스피익 트 수-즌
누구세요?	**Who is calling, please?** 후 이즈 콜-링 플리이즈
누굴 찾으세요?	**Who are you calling?** 후 아- 유 콜-링
그녀한테 전화를 돌려 드릴게요.	**Let me transfer your call to her.** 렘미 츄뢘스퍼- 유어- 콜- 트 허-
그녀를 바꿔 줄게요.	**I'll get her for you.** 아일 겟 허- 포- 유-
돌려 드리는 동안 끊지 마세요.	**Hold on while I transfer your call.** 홀-돈 와일 아이 츄뢘스퍼- 유어- 콜-
김 선생님, 전화 받으세요.	**Mr. Kim, there is a call for you.** 미스터- 킴 데어-저 콜- 포- 유
전화 줘서 고마워요.	**Thank you for calling.** 땡큐- 포- 콜-링

호텔 전화·전화 빌려 쓰기

1521호실에 전화하려면 어떻게 하죠?	**How do I call Room 1521?** 하우 드아이 콜- 루움 피프티인 트웨니원
그냥 1521만 누르세요.	**Just dial 1521.** 져스트 다이얼 원 퐈입 투 원
이 전화로 시외전화를 걸 수 있어요?	**Can I make a long distance call from this phone?** 캐나이 메이-커 롱 디스턴스 콜- 프뤔 디스 포운
외부로 거는 전화는 어떻게 걸죠?	**How do you get an outside line?** 하우 드유- 게-런 아웃-싸이드 라인
시내통화인가요?	**Is it a local call?** 이즈 잇 어 로우컬 콜-
시외통화입니다.	**It's a long distance call.** 이-처 롱 디스턴스 콜-
국제전화는 어떻게 걸죠?	**How about an international call?** 하우 어바웃 언 인터-내셔널 콜-
011을 누르고 국가번호, 지역번호와 전화번호를 누르세요.	**Dial 011, and the country code, area code, and phone number.** 다이얼 지로우 원 원 앤 더 컨트뤼 코웃 에어뤼어 코웃 앤 포운 넘버-

PART 2 실전활용: 상황별 영어회화 표현

국제전화 교환을 연결해 주시겠어요?	**Could you get the overseas operator?** 크쥬- 겟 디 오우버-씨-스 아-퍼뤠이러-
이 전화 좀 써도 되나요?	**May I use this phone?** 메아이 유-즈 디스 포운
그럼요, 쓰세요.	**Sure, go ahead.** 슈어- 고우 어헷-
죄송하지만, 복도 끝 공중전화를 이용해 주시겠어요?	**Sorry, but could you use the pay phone at the end of the hall?** 쏘뤼- 벗 크쥬- 유-즈 더 페이 포운 앳 디 엔드 오브 더 홀-
어디서 전화카드를 살 수 있어요?	**Where can I get a phone card?** 웨어- 캐나이 겟-러 포운 카-드
이 전화 직통전화인가요?	**Is this a direct line?** 이즈 디스 어 드뤡트 라인
전화번호부 있어요?	**Do you have a telephone directory?** 드유- 해-버 텔리포운 드뤡터리
내선 255번을 부탁합니다.	**Extension number 255, please.** 익스텐션 넘버- 투- 파입 파입 플리이즈

잘못 걸린 전화·부재중 전화

죄송하지만 전화를 잘못 거셨어요.	**Sorry, you've got the wrong number.** 쏘뤼- 유브 갓 더 뤙 넘버-
죄송합니다. 제가 전화를 잘못 걸었네요.	**I'm sorry. I have the wrong number.** 아임 쏘뤼- 아이 해브 더 뤙 넘버-
교환, 다른 데가 나왔어요.	**Operator, you connected me to the wrong party.** 아-퍼뤠이러-유 커넥티드 미 트 더 뤙 파-리
벤슨 씨는 지금 안 계세요. 대신에 밀러 씨와 통화하시겠어요?	**Ms. Benson is not in now. Would you like to talk with Mr. Miller instead?** 미즈 벤슨 이즈 낫 인 나우 으쥬- 라익 트 토옥 윗 미스터- 밀-러- 인스텟
언제쯤 돌아오실 것 같습니까?	**How soon do you expect him back?** 하우 쑨- 드유- 익스펙트 힘 백-
죄송하지만 베이커 씨는 출장 중이신데 월요일에 돌아 오세요.	**Sorry, Mr. Baker is out of town, but he'll be back on Monday.** 쏘뤼- 미스터- 베이커- 이즈 아웃 오브 타운 벗 히일 비 백- 온 먼데이
메시지를 남겨 드릴까요?	**Would you like to leave a message?** 으쥬- 라익 트 리-버 메시쥐

*PART 2 실전활용: **상황별 영어회화 표현***

벤슨 씨에게 전화 하라고 전해 드릴까요?	**Shall I have Ms. Benson call you back?** 샬 아이 햅- 미즈 벤슨 콜- 유- 백-
연락이 가능한 전화번호를 알려 주세요.	**Please give me a number where I can reach you.** 플리즈 김미 어 넘버 웨어- 아이 캔 뤼-취 유-
나중에 전화할 게요.	**I'll call her later.** 아일 콜- 허- 레이러-
메시지를 남겨도 되겠어요?	**May I leave a message?** 메아이 리-버 메시쥐
2068-1091으로 박에게 전화해 달라고 전해 주세요.	**Please ask her to call Ms. Park at 2068-1091.** 플리즈 애스크 허- 트 콜- 미즈 팍 앳 투 지로우 씩스 에잇 원 지로우 나인 원
통화 중입니다.	**The line's busy.** 더 라인즈 비지
전화를 안 받아요.	**There is no answer.** 데어-리즈 노우 앤써-

04 국제전화·컬렉트콜

에이 앤 씨 웨스트 교환입니다.	**A and C West Operator.**
	에이 앤 씨 웨스트 아-퍼뢔이러-

뉴욕으로 통화를 하고 싶은데요.	**I'd like to make a call to New York.**
	아이들 라익 트 메이-커 콜- 트 뉴-욕

번호통화를 하시겠어요, 지명통화를 하시겠어요?	**Would you like to make a station-to-station or person-to-person call?**
	으쥬- 라익 트 메이-커 스테이션 트 스테이션 오- 퍼-슨 트 퍼-슨 콜-

케이시 포먼 양을 지명통화로 부탁합니다.	**I'd like to make a person-to-person call to Ms. Kathy Forman.**
	아이들 라익 트 메이-커 퍼-슨 트 퍼-슨 콜- 트 미즈 케이시 포-먼

그녀의 전화번호가 어떻게 되죠?	**What's her number?**
	와츠 허- 넘버-

212-345-4576입니다.	**It's 212-345-4576.**
	이츠 투- 원 투- 뜨뤼- 포어- 파입 포어- 파입 쎄븐 씩스

한국으로 거는 전화요금이 가장 싼 시간이 언제죠?	**When is the cheapest time to call Korea?**
	웬- 이즈 더 취-피스트 타임 트 콜- 코뤼-아

PART 2 실전활용: 상황별 영어회화 표현

이 전화로 한국에 전화 걸 수 있나요?	**Can I make a call to Korea on this phone?** 캐나이 메이-커 콜- 트 코뤼-아 온 디스 포운
한국에 컬렉트콜로 전화 거실 수 있어요.	**You can make a collect call to Korea.** 유 캔 메이-커 컬렉트 콜- 트 코뤼-아
어떻게 컬렉트콜을 걸죠?	**How can I make a collect call?** 하우 캐나이 메이-커 컬렉트 콜-
0과 전화번호를 누르고 교환에게 컬렉트콜을 걸고 싶다고 말씀 하세요.	**Dial 0 and the phone number, and tell the operator that you want to make a collect call.** 다이얼 지로우 앤 더 포운 넘버- 앤 텔- 디 아-퍼뤠이러- 대츄- 원-트 메이-커 컬렉트 콜-
밥 러프 씨에게서 컬렉트콜이 왔습니다.	**You have a collect call from Mr. Bob Rupp.** 유 해-버 컬렉트 콜- 프뤔 미스터- 밥 러프
받으시겠어요?	**Will you accept it?** 윌 류 엑쎕-팃
전화가 끊겼어요.	**I was cut off.** 아이 워즈 컷 오프
통화 후에 요금을 가르쳐 주세요.	**Please tell me the cost of the call afterwards.** 플리즈 텔 미 더 코-스트 오브 더 콜- 애-프터-워즈

05 우표와 엽서 사기

mp3 192

(호텔 프런트에서) 우표 있어요?	**Do you sell stamps?** 드유 셀-스탬-스
우체국이 어디 있어요?	**Where is the post office?** 웨어-리즈 더 포우슷 어퓌스
어디서 우표를 살 수 있어요?	**Where can I get stamps?** 웨어- 캐나이 겟 스탬-스
이 편지 무게를 달아 주시겠어요?	**Could you weigh this letter?** 크쥬- 웨이 디스 레러-
미국 국내 우편요금은 얼마죠?	**How much does it cost to send a letter within the United States?** 하우 머취 더-짓 코-스트 쎈-더 레러- 위딘 더 유나이릿 스테이츠
1온스까지는 44센트입니다.	**44 cents up to an ounce.** 포리 포어- 쎈츠 업 트 언 아운스
한국까지 항공우편 우표 넉 장 주시겠어요?	**Could I have four airmail stamps to Korea?** 크다이 햅 포어- 에어-메일 스탬-스 트 코뤼-아
44센트짜리 우표 열 장 주세요.	**I'd like ten 44-cents stamps.** 아이들 라익 텐 포리 포어- 쎈츠 스탬-스

*PART 2 실전활용: **상황별 영어회화** 표현*

엽서 한 장에 얼마죠?	**How much is a postcard?** 하우 머취 이-저 포우슷카-드
항공봉함엽서 있어요?	**Do you have aerograms?** 드유- 햅 에어뤄그램-즈
기념우표 있나요?	**Do you have any commemorative stamps?** 드유- 햅 에니 컴메머뤄티브 스탬-스
우편환을 사고 싶어요.	**I'd like to buy money order.** 아이들 라익 트 바이 머니 오-러
수집할 만한 새 우표 나왔나요?	**Do you have any new stamps for my collection?** 드유- 햅 에니 뉴- 스탬-스 포- 마이 컬렉션
우편물 전송 서비스를 신청할 수 있어요?	**Can I set up mail forwarding?** 캐나이 쎗 업 메일 포-워딩
뉴욕 시 이 주소의 우편번호는 몇 번이죠?	**What's the zip code for this address in New York City?** 와츠 더 집 코웃 포- 디스 애-쥬뤠스 인 뉴-욕 씨리

06 편지 부치기

국내우편인가요, 국제우편인가요?	**Is this domestic or international?** 이즈 디스 드메스틱 오- 인터-내셔널
이 편지를 한국으로 부치고 싶은데요.	**I'd like to send this letter to Korea.** 아이들 라익 트 쌘-디스 레러- 트 코뤼-아
이 편지를 한국에 항공편으로 부치고 싶은데요.	**I'd like to send this letter to Korea by air.** 아이들 라익 트 쌘-디스 레러- 트 코뤼-아 바이 에어-
이 편지 우편요금이 얼마예요?	**What's the postage for this letter?** 와츠 더 포우스티쥐 포- 디스 레러-
보통, 등기, 속달이 있어요. 어떤 걸로 하시겠어요?	**You can send your letter by regular, registered, or express mail. Which one would you like?** 유 캔 쌘-쥬어- 레러- 바이 뤠귤러- 뤠쥐스터-드 오- 익스프뤠스 메일 위취 원 으쥬- 라익
등기로 해 주세요.	**Make it registered mail, please.** 메이-킷 뤠쥐스터-드 메일 플리이즈
한국에 항공편으로 엽서를 부치는데 얼마죠?	**How much does it cost to send a postcard to Korea by air?** 하우 머취 다-짓 코-스트 트 쌘-더 포우슷카드 트 코뤼-아 바이 에어-

PART 2 실전활용: 상황별 영어회화 표현

편지를 빨리 보내는 다른 방법이 있나요?	**Is there any other way to get a letter delivered quickly?** 이즈 데어- 에니 아더- 웨이 트 게러 레러- 딜리버드 퀵클리
이 편지를 속달로 한국에 부치고 싶은데요.	**I want to send this letter to Korea by express mail.** 아이 원-트 쎈-디스 레러- 트 코뤼-아 바이 익스프뤠스 메일
속달로 부치면 서울까지 얼마나 걸리죠?	**How quickly can I express it to Seoul?** 하우 퀵클리 캐나이 익스프뤠스 잇 트 쏘울
어떻게 하면 가능하면 빨리 편지를 보낼 수 있어요?	**How can I get a letter delivered as quickly as possible?** 하우 캐나이 게러 레러-딜리버-드 애즈 퀵클리 에즈 파써블
빠른우편으로 부치시면 됩니다.	**You can send it by overnight mail.** 유 캔 쎈-딧 바이 오우버-나잇 메일
빠른우편은 얼마죠?	**How much does that cost?** 하우 머취 더즈 댓 코-스트
빠른우편의 마감은 몇 시죠?	**What is the deadline for overnight mail?** 와 리즈 더 데드라인 포- 오우버-나잇 메일

소포 부치기

이 소포들을 선편으로 한국에 부치고 싶은데요.	**I'd like to send these packages to Korea by surface mail.** 아이들 라익 트 쎈-디-즈 패-키쥐 트 코뤼-아 바이 써-퓌스 메일
내용물이 뭔가요?	**What's in them? / What're the contents?** 와츠 인 뎀 / 와-라 더 컨텐츠
중량제한이 있나요?	**Is there a weight limit?** 이즈 데어-러 웨이트 리밋
항공편(선편)으로 얼마죠?	**How much does it cost by air(surface mail)?** 하우 머취 더-짓 코우스트 바이 에어-(써-퓌스 메일)
선편으로 해 주세요.	**By surface mail, please.** 바이 써-퓌스 메일 플리-즈
소포에 보험을 들고 싶은데요.	**I'd like to have it insured.** 아이들 라익 트 해-빗 인슈어-드
내용물은 50달러의 값어치가 있어요.	**The contents are worth 50 dollars.** 더 컨텐츠 아- 워-쓰 피프티- 달-러-즈
주소를 이렇게 쓰는게 맞아요?	**Is this the right way to write the address?** 이즈 디스 더 롸잇 웨이 트 롸잇 디 애-쥬뤠스

PART 2 실전활용: 상황별 영어회화 표현

세관신고서를 작성해야 하나요?	**Do I need to fill out a customs delaration form?** 드아이 니잇-트 퓔-라웃 어 커스텀즈 데클러뤠이션 풔-엄
내용물이 손상되기 쉬우니까 '파손주의' 표시를 해주세요.	**The contents are fragile, so please mark it "fragile."** 더 컨텐츠 아- 프뤠-즐 쏘우 플리즈 마킷 프뤠-즐-
추가요금을 부담해서 배송시간을 줄일 수 있어요?	**Can I pay extra to get it there faster?** 캐나이 페이 엑스트뤄 트 게-릿 데어- 퐤스터-
이 소포 안에 인쇄물은 없나요?	**Is there any printed matter in this package?** 이즈 데어- 에니 프륀티드 매-러- 인 디스 패-키쥐
서적용 특별 요금이 있나요?	**Is there a special rate for printed matter?** 이즈 데어-러 스페셜 뤠잇 포- 프륀티드 매-러
일반소포, 인쇄물, 책 등에 다른 요금이 적용됩니다.	**We have different rates for parcels, printed matter, and books.** 위 햅 디풔뤈트 뤠이츠 포- 파쏠스 프륀티드 매-러- 앤 북-스
이 소포에는 복사물이 들어 있어요.	**This one has some Xerox copies.** 디스 원 해즈 썸 지롹-스 카-피즈

LET'S TALK!

현장에서 원어민과 대화한다고 생각하고 말하기 연습을 해 보세요. 먼저 전체 대화 내용을 듣고, 신호음이 들리면 앞에 나온 표현을 그대로 이용하거나 응용해서 우리말 부분을 영어로 말해 보세요.

SCENE 01 시내전화를 걸 때

- Hello.
- 매리니?
- No, this is her mother. Who's this?
- 전 톰입니다.
- Just a minute. I'll get her for you.

해석 · 스크립트

W: 여보세요. | M: Is this Mary? | W: 아닌데요, 매리 엄마예요. 누구시죠? | M: This is Tom. | W: 잠깐만 기다려요. 매리를 바꿔 줄게요.

SCENE 02 호텔 전화를 이용할 때

- 외부로 거는 전화는 어떻게 걸죠?
- Is it a local call?
- 아뇨, 시외통화입니다.
- Dial 811, and after you hear the dial tone, dial the area code and phone number.
- 알겠습니다. 국제전화는 어떻게 걸면 되죠?
- Dial 810, and the phone number.
- I see. Thank you.
- You're welcome.

*PART 2 실전활용: **상황별 영어회화 표현***

해석 스크립트

M: How do you get an outside line? | W: 시내통화인가요? | M: No, it's a long distance call. | W: 811을 누르고 신호음이 들리면 지역번호와 전화번호를 누르세요. | M: I see. How about an international call? | W: 810을 누르고 전화번호를 누르세요. | M: 알겠습니다. 고맙습니다. | W: 천만에요.

SCENE 03 전화를 빌려 쓸 때
mp3 197

🙂 이 전화 좀 써도 될까요? 시내통화만 할 건데요.

🙂 Sure, go ahead.

🙂 고마워요. 전화번호부 있어요?

🙂 Here you are.

🙂 Thank you. (dials the number)

🙂 NTC Company. May I help you?

🙂 구내전화 255번을 부탁합니다.

🙂 Just a minute, please.

해석 스크립트

M: May I use this phone? I'm just making a local call. | W1: 그럼요, 쓰세요. | M: Thank you. Do you have a telephone directory? | W1: 여기 있어요. | M: 고마워요. (번호를 누른다) | W2: NTC입니다. 뭘 도와 드릴까요? | M: Extension number 255, please. | W2: 잠깐만 기다리세요.

SCENE 04 컬렉트콜
mp3 198

🙂 여보세요.

🙂 Is this Mr. Jin-su Shin?

🙂 네, 접니다.

🙂 You have a person-to-person collect call from Mr. Bob Rupp. Will you accept it?

🙂 Yes.

해석 스크립트

M: Hello. | W: 신진수 씨입니까? | M: Yes, this is he. | W: 밥 러프 씨에게서 컬렉트콜이 왔어요. 받으시겠습니까? | M: 네.

SCENE 05 시외전화를 걸 때

🧑 A and C West Operator.

😀 미시간으로 통화를 하고 싶은데요.

🧑 Would you like to make a station-to-station or person-to-person call?

😀 조지 스미스 씨를 지명통화로 부탁합니다.

🧑 What's his number?

😀 313-411-3232입니다.

해석 스크립트

W: 에이 앤 씨 웨스트 교환입니다. | M: I'd like to make a call to Michigan. | W: 번호통화를 하시겠어요, 지명통화를 하시겠어요? | M: I'd like to make a person-to-person call to Mr. George Smith. | W: 전화번호가 어떻게 됩니까? | M: It's 313-411-3232.

SCENE 06 상대방이 부재중일 때

🧑 LG Corporation.

😀 영업부 스미스 씨 좀 바꿔 주시겠어요?

🧑 May I ask who's calling?

😀 This is Mr. Kim. (After a while)

🧑 I'm sorry, Mr. Smith is not in now. May I take the message?

😀 아뇨, 됐습니다. 나중에 전화할 게요.

해석 스크립트

W: LG사입니다. | M: May I speak with Mr. Smith of the Sales Department? | W: 전화하신 분은 누구시죠? | M: 김입니다. (잠시 후) | W: 죄송하지만 스미스 씨는 지금 안 계세요. 메시지를 전해 드릴까요? | M: No, thank you. I'll call him later.

Part 2 서바이벌 영어회화

SCENE 07 — 우표나 엽서를 살 때

🙂 한국까지 항공우편 우표 석 장 주시겠어요?

🙂 Here you are. That's a dollar eighty.

🙂 미국 국내 우편요금은 얼마죠?

🙂 33 cents up to an ounce.

🙂 33센트짜리 우표 다섯 장 주세요.

🙂 Here you are. A dollar sixty-five. Three dollars and 45 cents all together.

🙂 Here you go.

> **해석 · 스크립트**
> M: Could I have three airmail stamps to Korea, please? | W: 여기 있습니다. 1달러 80센트입니다. | M: How much does it cost to mail a letter within the United States? | W: 1온스까지는 33센트입니다. | M: I'd like five 33-cent stamps. | W: 여기 있습니다. 1달러 65센트입니다. 전부 해서 3달러 45센트입니다. | M: 여기 있습니다.

SCENE 08 — 편지를 부칠 때

🙂 이 편지를 한국으로 부치고 싶은데요.

🙂 It's 50 cents.

🙂 이것은요?

🙂 It's over a half ounce. It's a dollar.

🙂 Here you go.

🙂 Thank you.

> **해석 · 스크립트**
> M: I'd like to send this letter to Korea. | W: 50센트입니다. | M: How about this one? | W: 이것은 반 온스가 넘네요. 1달러입니다. | M: 여기 있습니다. | W: 고맙습니다.

SCENE 09   빠른 우편을 이용할 때

- (on the telephone) Glenwood Post Office.
- 가능하면 빨리 애틀랜타로 편지를 보내려면 어떻게 하면 되나요?
- You can send it by overnight mail.
- 빠른우편은 얼마죠?
- It's 9 dollars and 95 cents for up to eight ounces. You send it in a special envelope.
- 마감은 몇 시죠?
- It's four o'clock at this post office, but if you take it to the airport post office, the deadline is six o'clock.

해석 스크립트

W: (전화로) 글렌우드 우체국입니다. | M: How can I get a letter delivered to Atlanta as quickly as possible? | W: 빠른우편으로 부치시면 됩니다. | M: How much does that cost? | W: 8온스까지 9달러 95센트입니다. 전용 봉투에 넣어 부치세요. | M: What's the deadline? | W: 이 우체국에서는 4시입니다만 공항 우체국으로 가지고 가시면 마감은 6시입니다.

SCENE 10   소포를 부칠 때

- 이 소포를 한국으로 부치고 싶은데요.
- By air mail or surface mail?
- 선편으로 해 주세요.
- Please fill out this customs form.
- Sure.
- It'll be 10 dollars and 55 cents.
- Here you are.
- Thank you.

*PART 2 실전활용: **상황별** 영어회화 표현*

해석 / 스크립트

M: I'd like to send this parcel to Korea. | W: 항공편입니까, 선편입니까? | M: By surface mail, please. | W: 이 세관 서류를 작성해 주세요. | M: 네. | W: 10달러 55센트입니다. | M: 여기 있습니다. | W: 고맙습니다.

SCENE 11   책을 부칠 때

🧑 이 소포들을 선편으로 한국에 부치고 싶은데요.

👮 What's in them?

🧑 Books.

👮 Only books? No printed matter?

🧑 이 소포에 신문이 좀 들어 있어요.

👮 I see.

🧑 서류를 작성해야 하나요?

👮 No, sir.

해석 / 스크립트

M: I'd like to send these packages to Korea by surface mail. | W: 내용물이 뭔가요? | M: 책입니다. | W: 책뿐입니까? 인쇄물은 없나요? | M: This one has some newspapers. | W: 알겠습니다. | M: Do I need to fill out a form? | W: 아닙니다.

01. 관광안내소에서 02. 길 묻기 03. 관광 예약 04. 관광 중에 05. 연극 06

Chapter 6

관광

박물관 ‖ Let's Talk!

관광안내소에서

시내 지도 있어요?	**Do you have a downtown map?** 드 유- 해-버 다운타운 맵-
여행안내서 없나요?	**Are there any guidebooks?** 아- 데어- 에니 가잇-북스
이번이 첫 방문이에요.	**This is my first visit.** 디스 이즈 마이 풔-스트 비짓
아이들을 데려갈 만한 곳이 어디죠?	**What is a good place to take the kids?** 와리즈 어 구웃 플레이스 트 테익 더 키즈
이 도시에서는 뭘 봐야 하죠?	**What should I see in this city?** 왓 슈다이 씨- 인 디스 씨리
도시 전체를 가장 잘 볼 수 있는 데가 어디죠?	**Where can I see the best view of the whole city?** 웨어- 캐나이 씨- 더 베스트 뷰 오브 더 호울 씨리
이 도시를 단시간에 돌아보려면 어떤 방법이 좋아요?	**What's a good way to get around this city in a short period of time?** 와-처 구웃 웨이 트 겟 어롸운 디스 씨리 이너 쇼옷- 피어뤼엇 옵 타임

PART 2 실전활용: 상황별 영어회화 표현

뉴욕에 사흘 있을 건데요. 어디를 가야 하죠?	**I have three days in New York. Where should I go?** 아이 해브 뜨리- 데이즈 인 뉴-욕 웨어- 슈다이 고우
이 도시의 주요 관광명소가 어디죠?	**What are the major tourist attractions in this city?** 와라 더 메이져- 투어뤼스트 어트뤡-션즈 인 디스 씨리
버스터미널에 어떻게 가면 되죠?	**How can I get to the bus terminal?** 하우 캐나이 겟 트 더 버스 터-미널
센트럴 스테이션까지 가는 가장 좋은 방법이 뭐예요?	**What's the best way to get to Central Station?** 와츠 더 베스트 웨이 트 겟 트 쎈츄륄 스테이션
아무 시내버스를 타시고 버스터미널에서 내리세요.	**Take any downtown bus and get off at the bus terminal.** 테익 에니 다운타운 버스 앤 게-롭프 앳 더 버스 터-미널
버스 요금이 얼마죠?	**How much is the bus fare?** 하우 머취 이즈 더 버스 풰어-
배차 간격이 어떻게 되죠?	**How often does the bus run?** 하우 오-픈 더즈 더 버스 륀
약 15분 간격입니다.	**About every 15 minutes.** 어바웃 에브뤼 피프티인 미니츠

길 묻기

길 좀 물어봐도 되나요?	**Can I ask you for directions?** 캐나이 애-스큐- 포- 드렉션즈
힐튼호텔에 가는 길 좀 가르쳐 주실래요?	**Will you tell me the way to the Hilton Hotel?** 윌유- 텔- 미 더 웨이 트 더 힐튼 호우텔
실례지만 미시건가 1712번지가 어딘지 가르쳐 주시겠어요?	**Excuse me, but could you tell me where 1712 Michigan Street is?** 익스큐-즈 미, 벗 크쥬- 텔- 미 웨어- 쎄븐티인 트웰브 미쉬건 스트륏- 이즈
이 길이 역으로 가는 길인가요?	**Is this the way to the station?** 이즈 디스 더 웨이 트 더 스테이션
길을 잃은 것 같아요. 여기가 어디죠?	**I'm afraid I'm lost. Where are we?** 아임 어프뤠잇 아임 로스트 웨어- 아- 위
힐 사이드 사는 찾기 쉬워요?	**Is it easy to find Hillside Company?** 이-짓 이-지 트 파인- 힐싸이드 컴퍼니
시장이 어느 쪽이죠?	**Which way is the open market?** 위취 웨이 이즈 디 오우픈 마켓
오른편에 있어요, 왼편에 있어요?	**Is it on the right or on the left?** 이-짓 온 더 롸잇 오- 온 더 레프트

PART 2 실전활용: 상황별 영어회화 표현

거기 걸어서 갈 수 있어요?	**Can I walk there?**	
	캐나이 워억 데어-	
걸어가기엔 너무 멀어요.	**It's too far to walk.**	
	이츠 투- 파- 트 워억	
여기가 미시건가에요.	**We're on Michigan Street.**	
	위아- 온 미쉬건 스트륏-	
이 길을 따라 다섯 블록 가세요.	**Walk five blocks down this street.**	
	워억 퐈입 블럭스 다운 디스 스트륏-	
버스 정류장이 나올 때까지 이 길을 두 블록 가세요.	**Walk two blocks down this street to the bus stop.**	
	워억 투- 블럭스 다운 디스 스트륏- 투 더 버스 스탑	
여기서 얼마나 걸리죠?	**How long does it take from here?**	
	하울롱 더-짓 테익 프뤔 히어-	
이 지도 위에 표시해 주실래요?	**Will you mark it on this map?**	
	윌 류- 마킷 온 디스 맵-	
좀 더 자세히 알려 주시겠어요?	**Could you tell me more in detail?**	
	크쥬- 텔- 미 모어- 인 디-테일	

Chapter 6 관광 204

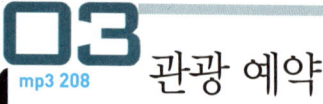

관광 예약

어떤 관광이 있나요?	**What kinds of tours are there?**
	왓 카인즈 오브 투어-즈 아- 데어.

시내관광은 없나요?	**Do you have any city tours?**
	드유 햅 에니 씨리 투어즈

한국어 가이드가 동행하는 관광은 없나요?	**Do you have any tours with Korean-speaking guides?**
	드유 햅 에니 투어-즈 윗 코뤼-언 스피-킹 가이즈

몇 박짜리 관광이죠?	**How many nights long is the tour?**
	하-메니 나이츠 롱 이즈 더 투어

반나절 관광과 종일 관광이 있습니다.	**There's a half-day tour and a full-day tour.**
	데어-저 해-프 데이 투어- 앤-더 풀-데이 투어-

일정이 더 짧은 관광이 있나요?	**Are there shorter tours available?**
	아- 데어- 쇼-터- 투어-즈 어베일러블

다음 관광버스는 몇 시에 출발하죠?	**When does the next tour bus leave?**
	웬 더즈 더 넥스트 투어- 버스 리-브

반나절 관광에 참가하고 싶은데요.	**I'd like to get on a half-day tour.**
	아이들 라익 트 게론 어 해-프 데이 투어-.

하루에 몇 번 운행하죠?	**How many times does it run a day?**	
	하우 메니 타임즈 더-짓 뤈 어 데이	

예약을 해야 합니까?	**Do I need a reservation?**
	드아이 니이-더 뤠저-베이션

반나절 관광은 얼마죠?	**How much is a half-day tour?**
	하우 머취 이즈 어 해프 데이 투어-

이번 관광에서는 무엇을 보게 되죠?	**What can I see on this tour?**
	왓 캐나이 씨- 온 디스 투어-

이번 관광은 시간이 얼마나 걸리죠?	**How long does this tour take?**
	하울롱 더즈 디스 투어- 테익

몇 시에 어디서 출발하죠?	**What time and where do we leave?**
	왓 타임 앤 웨어- 드위 리-브

호텔까지 데려다 주나요?	**Do you take us to our hotel?**
	드유 테이-커즈 트 아우어- 호우텔

입장료가 포함되어 있어요?	**Is admission included?**
	이즈 어드미션 인클루-딧

04 관광 중에

어디에서 시내 버스표를 살 수 있어요?	**Where can I get a city bus ticket?**
	웨어- 캐나이 게-러 씨리 버스 티킷

다음 열차 승차권을 두 장 사려고요.	**I'd like to buy two tickets for next train.**
	아이들 라익 트 바이 투- 티키츠 포- 넥스트 트뤠인

어디서 유람선을 탈 수 있어요?	**Where can I get on the sightseeing boat?**
	웨어- 캐나이 게-론 더 싸잇씨-잉 보우트

박물관 안내도가 있나요?	**Is there a map of the museum available?**
	이즈 데어-러 맵- 오브 더 뮤지-엄 어베일러블

이 건물은 뭐가 유명하죠?	**What is this building famous for?**
	와 리즈 디스 빌딩 풰이머스 포-

이 건물의 입구는 어디죠?	**Where is the entrance to this building?**
	웨어-리스 디 엔트륀스 트 디스 빌딩

입장료가 얼마죠?	**How much is the admission fee?**
	하우 머취 이즈 디 어드미션 피-

18세기 회화는 어디 있어요?	**Where are the 18th century paintings?**
	웨어- 아- 더 에잇티인쓰 쎈츄리 페인팅스

*PART 2 실전활용: **상황별 영어회화 표현***

요기할 만한 곳이 있어요?	**Where can we find a bite to eat?**	
	웨어- 캐뉴 퐈인 더 바잇 트 이잇	

여기서 사진을 찍어도 돼요?	**Can I take pictures here?**
	캐나이 테익 픽춰-스 히어-

여기서 플래시를 사용해도 돼요?	**Can I use a flash here?**
	캐나이 유-저 플래-쉬 히어-

기념물 앞에서 사진 좀 찍어주시겠어요?	**Could you take my picture in front of the monument?**
	크쥬- 테익 마이 픽춰- 인 프뤈톱 더 마뉴먼트

이 버튼만 누르시면 돼요.	**Just press this button here.**
	져스트 프뤠스 디스 버튼 히어-

카메라는 다 맞춰 놓았으니까 회색 버튼만 누르세요.	**The camera's all ready to go ... just push the grey button.**
	더 캐-므러스 올- 뤠리 드 고우 져스트 푸쉬 더 그뤠이 버튼

화장실이 어디 있어요?	**Where can I wash my hands?**
	웨어- 캐나이 워-쉬 마이 핸즈

커피숍 같은 곳은 없나요?	**Is there a coffee shop or something?**
	이즈 데어-러 커-퓌 샵 오- 썸띵

05 연극

연극 정보를 어디서 얻을 수 있어요?	**Where can I get information about plays?** 웨어- 캐나이 겟 인풔-메이션 어바웃 플레이즈
연극 좀 추천해 주실래요?	**Can you recommend a play?** 캐뉴- 뤠커멘-더 플레이
어디서 연극 티켓을 살 수 있어요?	**Where can I get tickets to a play?** 웨어- 캐나이 겟 티키츠 트 어 플레이
전화로 연극 예약이 가능한가요?	**Can I make reservations for plays by phone?** 캐나이 메익 뤠저-베이션즈 포- 플레이즈 바이 포운
오늘밤 공연 할인 티켓을 살 수 있는 곳은 없나요?	**Is there any place to buy discount tickets for tonight's shows?** 이즈 데어- 에니 플레이스 트 바이 디스카운트 티케츠 포- 트나이츠 쇼우즈
클래식 극장에서는 무엇을 공연하죠?	**What's playing at the Classic Theater?** 와츠 플레잉 앳 더 클래-식 따-어러-
지금 뉴욕에서 가장 인기 있는 연극은 뭐죠?	**What's the most popular play in New York now?** 와츠 더 모우스트 파-퓰러- 플레이 인 뉴-욕 나우
그건 어떤 연극이죠?	**What sort of play is it?** 왓 쏠-톱 플레이 이-짓

PART 2 실전활용: 상황별 영어회화 표현

지금 어떤 뮤지컬이 공연 중인가요?	**What musicals are playing now?** 왓 뮤-지컬스 아- 플레-잉 나우
공연한지 얼마나 되었죠?	**How long has it been running already?** 하울롱 해-짓 비인 뤼닝 올-뤠리
누가 출연해요?	**Who's in it?** 후즈 인 잇
7시 공연 좌석 있어요?	**Are there any tickets for 7 o'clock performance available?** 아- 데어- 에니 티키츠 포- 쎄븐 어클락- 퍼-풔-먼스 어베일러블
발코니석은 얼마죠?	**How much is a balcony seat?** 하우 머취 이-저 밸-커니 씨잇
같이 앉을 수 있는 세 좌석 있어요?	**Do you have three seats together?** 드유- 햅 뜨뤼- 씨이츠 트게더-
낮 공연으로 드릴까요, 밤 공연으로 드릴까요?	**Would you like the matinee or the evening show?** 으쥬- 라익 더 매-트네이- 오- 디 이-브닝 쇼우
있으면 밤 공연으로 주세요.	**The evening show, if possible.** 디 이-브닝 쇼우 이프 파-씨블

영화

요즘 어떤 영화들이 나와 있어요?	**What movies are out now?** 왓 무비즈 아- 아웃 나우
이 근처에 영화관 있나요?	**Is there a movie theater near here?** 이즈 데어-러 무비 띠-어러- 니어- 히어-
저기 쇼핑몰에 세 곳 있습니다.	**There are three in that shopping mall.** 데어- 아- 뜨뤼- 인 댓 샤핑 몰-
오늘밤에는 무슨 영화가 있죠?	**What movies are on tonight?** 왓 무비즈 아- 온 트나잇
밤 상영은 몇 시부터 시작하죠?	**What time does the evening show begin?** 왓 타임 더즈 디 이-브닝 쇼우 비긴
그 영화의 주연은 누구죠?	**Who's starring in that movie?** 후즈 스타-륑 인 댓 무비
영화 상영시간은 어떻게 되죠?	**How long does the movie last?** 하울롱 더즈 더 무-비 래-스트
90분 동안 상영합니다.	**It has a running time of 90 minutes.** 잇 해-저 뤄닝 타임 오브 나인티 미니츠

PART 2 실전활용: 상황별 영어회화 표현

다음 상영은 몇 시에 시작하죠?	**When does the next show start?** 웬 더즈 더 넥스트 쇼우 스타앗
마지막 상영은 몇 시죠?	**When is the last show?** 웨니즈 더 래스트 쇼우
영화가 몇 시에 끝나죠?	**What time will the movie be over?** 왓 타임 윌 더 무-비 비 오우버-
입장료가 얼마죠?	**How much is the admission?** 하우 머취 이즈 디 어드미션
어른 두 장하고 아이 세 장 주세요.	**Two adults and three children, please.** 투 어덜츠 앤 뜨뤼- 췰드뢴 플리이즈
좌석배치도를 보여 주시겠어요?	**Could you show me the seat chart, please?** 크쥬- 쇼우 미 더 씨잇 챠-트 플리이즈
가운데 좌석으로 주실래요?	**Could we have center seats?** 쿳위 햅 쎈터- 씨이츠
매점이 어디 있어요?	**Where's the concession stand?** 웨어-즈 더 컨쎄션 스탠-드

07 박물관

입장료가 얼마죠?	**How much is the admission?** 하우 머취 이즈 디 어드미션
학생 할인이 있어요?	**Do you have a student discount?** 드유- 해-버 스튜-든트 디스카운트
안내책자 없나요?	**Do you have any brochures?** 드유- 햅 에니 브뤄슈어-즈
관람 시간이 어떻게 되죠?	**What are the museum hours?** 왓 아- 더 뮤-지엄 아우어-즈
가이드 안내 관람은 없나요?	**Is there a guided tour?** 이즈 데어-러 가이디드 투어-
박물관 주요 전시물이 뭐죠?	**What are the museum highlights?** 왓 아- 더 뮤-지엄 하일라이츠
오늘 몇 시에 문을 닫죠?	**What time do you close today?** 왓 타임 드유- 클로우즈 트데이
카메라를 맡겨야 하나요?	**Do we have to check cameras?** 드 위 햅-트 첵 캐-므뤄즈

PART 2 실전활용: **상황별 영어회화 표현**

어디에 가방을 맡기면 되죠?	**Where do I check my bag?**
	웨어- 드 아이 쳌 마이 백-

이 가방을 맡기려고요.	**I'd like to check this bag.**
	아이들 라익 트 쳌 디스 백-

번호표 여기 있어요. 가방을 찾으러 오실 때 갖고 오세요.	**Here's your tag. Bring that back when you come to get your bag.**
	히어-즈 유어- 택- 브링 댓 백- 웬 유 컴-트 겟 유어- 백-

그림을 사진 찍어도 되나요?	**May I take pictures of the paintings?**
	메아이 테익 픽쳐-즈 오브 더 페인팅스

플래시를 사용해서 사진을 찍어도 되나요?	**May I take pictures using a flash?**
	메아이 테익 픽쳐-즈 유-징 어 플래-쉬

이것을 캠코더로 찍어도 되나요?	**Can I shoot this with my camcorder?**
	캐나이 슈웃- 디스 윗 마이 캠-코-러-

이 건물 내에서는 사진을 찍으실 수 없어요.	**You can't take pictures in this building.**
	유 캔트 테익 픽쳐-즈 인 디스 빌딩

출구에 있는 기념품 가게에 슬라이드와 그림엽서가 있어요.	**There are slides and postcards in the gift shop at the exit.**
	데어- 아- 슬라이즈 앤 포우슷카즈 인 더 기프트 샵- 앳 디 엑짓

현장에서 원어민과 대화한다고 생각하고 말하기 연습을 해 보세요. 먼저 전체 대화 내용을 듣고, 신호음이 들리면 앞에 나온 표현을 그대로 이용하거나 응용해서 우리말 부분을 영어로 말해 보세요.

SCENE 01 관광안내소에서

- 시내 지도 있어요?
- Yes, we do. Here it is.
- 커낼 스트리트와 브로드 애비뉴의 교차로에 어떻게 가는지 알려 주세요?
- (pointing at the map) You're here now. Walk three blocks down this street to the subway station. Take any downtown subway and get off at Canal Street.
- 요금이 얼마죠?
- All city public transportation is one dollar.

해석 스크립트

W: Do you have a city map? | M: 네, 여기 있어요. | W: Could you tell me how to get to Canal Street and Broad Avenue? | M: (지도를 가리키며) 지금 계신 곳이 여기에요. 지하철역이 나올 때까지 이 길을 따라 세 블록 가세요. 시내로 가는 지하철을 타시고 커낼 스트리트에서 내리세요. | W: How much is the fare? | M: 시내 대중교통 요금은 모두 1달러에요.

SCENE 02 관광정보를 얻을 때

- 이 도시에서는 뭘 봐야 하죠?
- Is this your first visit?
- Yes.
- Well, you should see the Watson Museum and Carson House at least.
- 왓슨 박물관에 가이드가 안내하는 관광이 있어요?
- Yes, they do, every other hour starting at ten.

> 해석 스크립트

M: What should I see in this city? | W: 이번이 첫 방문이세요? | M: 네. | W: 그럼, 최소한 왓슨 박물관과 카슨 하우스는 보셔야 해요. | M: Do they have guided tours at the Watson Museum? | W: 네, 있어요, 10시부터 2시간마다 있어요.

SCENE 03 : 길을 물을 때

🧑 실례지만 오하이오가 1612번지가 어딘지 가르쳐 주시겠어요?

👩 Yes, you're on Ohio Street. Sixteenth Street is two blocks this way. 1612 is beyond it on the left side.

🧑 파크 호텔은 찾기 쉬워요?

👩 Yes, it's a tall yellow building.

🧑 Thank you.

👩 Sure.

> 해석 스크립트

M: Excuse me, but could you tell me where 1612 Ohio Street is? | W: 네, 여기가 오하이오 가에요. 16번가는 이 길을 두 블록 가면 있어요. 1612번지는 길 건너편으로 왼편입니다. | M: Is it easy to find the Park Hotel? | W: 네, 노란색 큰 건물이에요. | M: 고맙습니다. | W: 네.

SCENE 04 : 거리에서

🧑 이 길이 버스터미널로 가는 길인가요?

👩 Yes, are you on foot?

🧑 거기에 걸어서 갈 수 있어요?

👩 It's too far to walk. You'd better take a taxi.

🧑 여기서 얼마나 걸리죠?

👩 About 5 minutes.

🧑 Thank you.

해석 스크립트

M: Is this the way to the bus terminal? | W: 네, 걸어서 가실 겁니다. | M: Can I walk there? | W: 걸어가기엔 너무 멀어요. 택시를 타시는 게 좋을 것 같군요. | M: How long does it take? | W: 5분 정도예요. | M: 고맙습니다.

SCENE 05 mp3 217 : 길을 찾을 때

🧑 길을 잃은 것 같아요. 여기가 어디죠?

👨 We're near the capitol.

🧑 의사당은 어느 쪽에 있어요?

👨 It's beyond that tall building.

🧑 Thank you.

해석 스크립트

W: I'm afraid I've lost my way. Where are we? | M: 의사당 부근이에요. | W: Which direction is the capitol? | M: 저 큰 건물 너머에 있어요. | W: 고맙습니다.

SCENE 06 mp3 218 : 관광 예약을 할 때

👨 시내관광은 없나요?

🧑 Yes, we do. Here's a brochure.

👨 어떤 관광이 있나요?

🧑 There's a half-day tour and a full-day tour.

👨 반나절 관광에 참가하고 싶은데요.

🧑 All right. Here's a ticket.

해석 스크립트

M: Do you have any city tours? | W: 있어요. 관광안내서 여기 있어요. | M: What kinds of tours are there? | W: 반나절 관광과 종일관광이 있어요. | M: I'd like to go on the half-day tour. | W: 알겠습니다. 표 여기 있어요.

*PART 2 실전활용: **상황별 영어회화 표현***

SCENE 07 — 가이드와의 대화

🧑 이번 관광에서는 무엇을 보게 되죠?

👨 We'll see all these places on this brochure.

🧑 이번 관광은 시간이 얼마나 걸리죠?

👨 We'll be back by four o'clock.

해석 / 스크립트

M: What can I see on this tour? | W: 이 안내서에 있는 모든 곳들을 보시게 됩니다. | M: How long does this tour take? | W: 4시까지는 돌아오시게 될 겁니다.

SCENE 08 — 관광 중에

🧑 입장료가 얼마죠?

👨 It's 6 dollars for adults.

🧑 박물관 안내도는 있어요?

👨 Yes, right here.

🧑 이집트 미술품은 어디에 있어요?

👨 (pointing at the map) You're here now, and the Egyptian art is here.

해석 / 스크립트

M: How much is the admission? | W: 어른 6달러입니다. | M: Do you have a map of the museum? | W: 네, 여기 있어요. | M: Where do I find Egyptian art? | W: (지도를 가리키며) 현 위치는 여기고, 이집트 미술품은 여기 있어요.

SCENE 09 — 사진촬영을 부탁할 때

🧑 이 조각상 앞에서 사진 좀 찍어주시겠어요?

👨 No, not at all.

🧑 여기만 누르시면 돼요.

- Do I need to focus?
- No, it will focus automatically.
- Ready? Say cheese. (takes the picture)
- Thank you very much.
- You're welcome.

> **해석 스크립트**
>
> W: Would you mind taking my picture in front of this statue? | M: 그러지요. | W: Just press here. | M: 초점을 맞춰야 하나요? | W: 아뇨, 자동으로 맞춰집니다. | M: 준비되셨어요? '치즈' 하세요. (사진을 찍는다) | W: 정말 고맙습니다. | M: 천만에요.

SCENE 10 화장실을 찾을 때

- 이 근처에 화장실이 있나요?
- I'm afraid not.
- 커피숍 같은 곳은 없나요?
- No, but there's a pay toilet in that park.
- Thank you. I'll go there.

> **해석 스크립트**
>
> W: Is there a rest room near here? | M: 없는 것 같은데요. | W: Is there a coffee shop or something? | M: 네, 그런데 저 공원에 유료 화장실이 있어요. | W: 고마워요. 거기로 갈게요.

SCENE 11 연극 정보를 얻을 때

- 어디서 연극 정보를 얻을 수 있어요?
- I have some. What kind of play do you like?
- 지금 뉴욕에서 가장 인기 있는 연극이 뭐죠?
- It's probably *Midsummer*.

PART 2 실전활용: 상황별 영어회화 표현

🙂 공연한지 얼마나 되었죠?

😎 About two years.

> **해석 스크립트**
> W: Where can I get information about plays? | M: 제가 좀 알고 있어요. 어떤 연극을 좋아하세요? | W: What's the most popular play in New York now? | M: '미드 서머'일 겁니다. | W: How long has it been running? | M: 2년 정도입니다.

SCENE 12 mp3 224 표를 살 때

🙂 연극 좀 추천해 주실래요?

😎 How about *Midsummer*?

🙂 같이 앉을 수 있는 네 좌석 있어요?

😎 Would you like the matinee or the evening show?

🙂 있으면 밤 공연으로 주세요.

😎 We have four seats together in the balcony.

> **해석 스크립트**
> M: Can you recommend a play? | W: '미드서머' 어떠세요? | M: Do you have four seats together? | W: 낮 공연으로 드릴까요, 밤 공연으로 드릴까요? | M: The evening show, if possible. | W: 발코니석에 같이 앉으실 수 있는 네 좌석이 있어요.

SCENE 13 mp3 225 영화 정보를 얻을 때

🙂 이 근처에 영화관 있어요?

😎 Yes, there are two in that shopping mall.

🙂 오늘밤에는 무슨 영화가 있죠?

😎 Let's see. (looking at a newspaper) They're showing *Punch-Drunk Love*.

🙂 I see.

> 해석 스크립트

M: Is there a movie theater near here? | W: 네, 저기 쇼핑몰에 두 곳 있어요. | M: What movies are playing tonight? | W: 어디 봅시다. (신문을 보며) '펀치 드렁크 러브'가 상영 중이에요. | M: 알겠습니다.

SCENE 14 영화관에서

🙂 다음 상영은 몇 시에 시작하죠?

😊 7:30.

🙂 영화가 몇 시에 끝나죠?

😊 It will be over by ten.

🙂 입장료가 얼마죠?

😊 8 dollars for adults, and 4 dollars for children.

🙂 어른 두 장하고 아이 한 장 주세요.

😊 Here you are.

> 해석 스크립트

M: When does the next show start? | W: 7시 반입니다. | M: What time will the movie be over? | W: 10시 쯤 끝납니다. | M: How much is the admission? | W: 어른 8달러, 아이 4달러입니다. | M: Two adults and one child, please. | W: 여기 있습니다.

SCENE 15 박물관에서

🙂 입장료가 얼마죠?

😊 Eight dollars per person.

🙂 안내책자 없어요?

😊 Yes, we do. Here you are.

🙂 가이드 안내 관람은 있어요?

😊 Yes, it will start at 10:30.

*PART 2 실전활용: **상황별 영어회화 표현***

> 해석 스크립트

M: How much is the admission? | W: 1인당 8달러입니다. | M: Do you have any brochures? | W: 있습니다. 여기 있어요. | M: Do you have a guided tour? | W: 네, 10시 반에 시작됩니다.

SCENE 16 소지품을 맡길 때
mp3 228

- Sorry, but you'll have to check your shoulder bag.
- 어디에 가방을 맡겨야 하죠?
- At that window over there.
- (At the window) 이걸 맡기려고요.
- Do you have a camera in there?
- No, I don't.
- Just a minute. Here's your tag. Bring that back when you come to get your bag.
- Thank you.

> 해석 스크립트

M: 죄송하지만 숄더백은 맡기셔야 합니다. | W1: Where do I check it? | M: 저기 저 창구입니다. | (창구에서) W1: I'd like to check this. | W2: 안에 카메라가 들었습니까? | W1: 아뇨, 없어요. | W2: 잠깐만 기다리세요. 번호표 여기 있습니다. 가방을 찾으러 오실 때 갖고 오세요. | W1: 고맙습니다.

01. 상점 찾기 02. 상점에서 03. 물건 고를 때 1 04. 물건 고를 때 2 05. 계산

Chapter 7
쇼핑

교환 환불 || Let's Talk!

상점 찾기

이 근처에 쇼핑가가 어디 있어요?	**Where is the shopping area near here?** 웨어-리즈 더 샵핑 에어뤼어 니어- 히어-
가장 가까운 슈퍼마켓 좀 가르쳐 주시겠어요?	**Could you tell me where the nearest supermarket is?** 크쥬 텔 미 웨어- 더 니어-뤼스트 수퍼-마켓 이즈
쇼핑 정보지 있어요?	**Do you have a shopping guide?** 드유 해-버 샵핑 가이드
지금 세일 중인가요?	**Are they having a sale?** 아- 데이 해-빙 어 쎄일
면세점이 있나요?	**Is there a duty-free shop?** 이즈 데어-러 듀-리 프뤼- 샵
식기를 사려고 해요. 제품이 많은 가게가 어디죠?	**I want to buy some tableware. Which shop has the best selection?** 아이 원-트 바이 썸 테이벌웨어- 위취 샵 해즈 더 베스트 셀렉션
아동복을 찾고 있어요. 좋은 가게를 추천해 주시겠어요?	**I'm looking for children's wear. Could you recommend a good shop?** 아임 루킹 포- 췰드뤈즈 웨어- 크쥬 뤠커맨-더 구웃 샵

*PART 2 실전활용: **상황별 영어회화 표현***

이 도시의 특산품은 뭐죠?	**What is this city famous for?** 와리즈 디스 씨리 풰이모스 포-
지금 젊은이들 사이에 유행하고 있는 게 뭐죠?	**What is popular among young people?** 와리즈 파퓰러- 어멍 영 피-플
그거 어디서 살 수 있어요?	**Where can I buy it?** 웨어- 캐나이 바이 잇
가게 영업시간이 어떻게 되죠?	**What are their business hours?** 왓 아- 데어- 비즈니스 아우어즈
오늘 영업 해요?	**Are they open today?** 아- 데이 오우픈 트데이
휴업일은 언제입니까?	**What day are they closed?** 왓 데이 아- 데이 클로우즈드
벼룩시장은 언제 열리죠?	**When is the flea market?** 웬 이즈 더 플리- 마-켓
거기 어떻게 가는지 가르쳐 주세요.	**Please tell me how to get there.** 플리이즈 텔 미 하우 트 겟 데어-

02 상점에서

도와 드릴까요?	**May I help you?** 메아이 헬-퓨-
안내데스크가 어딘지 알려 줄래요?	**Can you tell me where the information booth is?** 캐뉴- 텔- 미 웨어- 디 인풔-메이션 부-쓰 이즈
상점 안내도 있어요?	**Do you have an information guide?** 드유 해-번 인풔-메이션 가이드
지갑은 어디 있어요?	**Where would I find the purses?** 웨어- 우다이 퐈인 더 퍼-씨즈
남성복 매장은 몇 층에 있어요?	**On which floor is the men's clothing department?** 온 위춰 플로어- 이즈 더 멘즈 클로우딩 디파-트먼트
화장품 코너가 어디에 있어요?	**Where is the cosmetics counter?** 웨어-리즈 더 커-즈메릭스 카운터-
식품매장은 몇 층에 있죠?	**Which floor are foods on?** 위춰 플로어- 아- 푸즈 온
판촉행사 하는 건 없어요?	**Do you have any promotions?** 드유 햅 에니 프뤼모션즈

PART 2 *실전활용:* **상황별 영어회화 표현**

엘리베이터에서 내리시면 왼쪽에 보일 겁니다.	**As you get off the elevator you'll see it on your left.** 애즈 유 게-로프 디 엘리베이러- 유일 씨- 잇 온 유어- 레프트	
에스컬레이터는 어디 있죠?	**Where is the escalator?** 웨어-리즈 디 에스컬레이러-	
저기 저 모퉁이에 있어요.	**It's in that corner over there.** 이츠 인 댓 코-너- 오우버- 데어-	
실례지만 좀 도와 줄래요?	**Excuse me. Can you help me?** 익스큐-즈 미 캐뉴 헬프 미	
특별히 찾으시는 게 있어요?	**Are you looking for something in particular?** 아- 유 루킹 포- 썸띵 인 퍼-티큘러-	
그냥 구경만 하는 거예요, 고맙습니다.	**I'm just looking, thank you.** 아임 져스트 루킹 땡큐-	
세일 안 하나요?	**Are there any sales coming up?** 아- 데어- 에니 쎄일즈 커밍 업	
세일이 언제까지죠?	**When does the sale end?** 웬 더즈 더 쎄일 엔드	

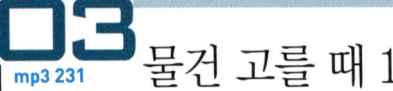

03 물건 고를 때 1

이 지역의 대표적인 공예품을 찾고 있어요.	**I'm looking for typical crafts of this area.** 아임 루킹 포- 티피컬 크뢔-프츠 오브 디스 에어뤼어
고르는 걸 도와 주시겠어요?	**Could you help me to make a selection?** 크쥬- 헬-미 트 메이-커 썰렉션
아내에게 줄 선물로 뭐가 좋아요?	**What do you recommend for my wife?** 왓 드유- 뤠커맨- 포- 마이 와이프
이거 상자에 넣어 줄 수 있어요?	**Could you box this up for me?** 크쥬- 박스 디스 업 포- 미
좀 덜 비싼 것 있어요?	**Do you have a less expensive one?** 드유- 해-버 레스 익스팬씹- 원
이것은 뭐로 만든 거죠?	**What is this made of?** 와-리즈 디스 메이-더브
이거 영국 제품입니까?	**Is this made in Britain?** 이즈 디스 메이-딘 브뤼튼
그걸로 할게요.	**I'll take it.** 아일 테이-킷

이 목걸이 좀 보여주시겠어요?	**Could you show me this pendant?** 크쥬- 쇼우 미 디스 펜던트
루비 반지를 보고 싶은데요.	**I'd like to see some ruby rings.** 아이들 라익 트 씨- 썸 루-비 륑스
이거 어떤 보석이죠?	**What kind of stone is this?** 왓 카인-돕 스토운 이즈 디스
이거 진품입니까, 모조품입니까?	**Is this genuine or an imitation?** 이즈 디스 줴뉘언 오- 언 이미테이션
이거 몇 캐럿이죠?	**How many carats is this?** 하-메니 캐-뤄츠 이즈 디스
이거 18금입니까?	**Is this 18 carat gold?** 이즈 디스 에잇티인 캐-륏 고울드
끼어 봐도 되나요?	**May I try it on?** 메아이 츄롸이 잇 온
감정서를 받을 수 있나요?	**Can I get a certificate of authenticity?** 캐나이 게-러 썰-티피켓 오브 오-쎈티씨티

04 물건 고를 때 2

이런 옷 주세요.	**I'd like a dress like this.** 아이들 라이-커 드뤠스 라익 디스
몇 사이즈 입으세요?	**What size do you wear?** 왓 싸이즈 드유- 웨어-
제 사이즈를 잘 몰라요.	**I'm not sure of my size.** 아임 낫 슈어-로브 마이 싸이즈
사이즈를 재주시겠어요?	**Would you take my measurements?** 으쥬- 테익 마이 메져-먼츠
이 옷은 어떤 천으로 만든 거죠?	**What material is this dress made of?** 왓 머터-리얼 이즈 디스 드뤠스 메이-도브
이거 입어보시겠어요?	**Would you like to try this on?** 으쥬- 라익 트 츄라이 디스 온
어떤 색상을 찾으세요?	**What color would you like?** 왓 컬러- 으쥬- 라익
제 취향이 아니에요.	**It's not my style.** 이츠 낫 마이 스타일

디자인이 마음에 안 들어요.	**I don't like this design.** 아이 도운 라익 디스 디자인
이것과 같은 것으로 다른 색깔 없나요?	**Do you have this in any other color?** 드유- 햅 디스 인 에니 아더- 컬러-
다른 옷을 입어봐도 돼요?	**Can I try some other clothes?** 캐나이 츄롸이 썸 아더- 클로우즈
옷 입어보는 데가 어디죠?	**Where's the fitting room?** 웨어-리즈 더 퓌-링 루움
저한테는 너무 커요.	**It's too big for me.** 이츠 투- 빅 포- 미
더 작은 옷 있어요?	**Do you have a smaller one?** 드유- 해-버 스멀-러- 원
이 스웨터로 짙은 녹색 있어요?	**Do you have this sweater in a dark green?** 드유- 햅 디스 스웨러- 인 어 다악 그뤼인
길이를 고쳐 줄래요?	**Can you adjust the length?** 캐뉴- 어줘스트 더 렝쓰

05 계산·배송

이거 주세요.	**I'll take this.** 아일 테익 디스
그거 얼마에요?	**How much is it?** 하우 머취 이즈 잇
전부 해서 얼마에요?	**How much are all these together?** 하우 머취 아- 올 디즈 트게더-
좀 깎아 주시겠어요?	**Could you give me a discount?** 크쥬 깁-미 어 디스카운트
세금을 포함한 가격이에요?	**Does that include tax?** 더즈 댓 인클루-드 택-스
계산하는 데가 어디죠?	**Where is the cashier?** 웨어-리즈 더 캐-쉬어-
이 신용카드 받아요?	**Do you accept this credit card?** 드유 액쎕트 디스 크뤠딧 카-드
어떤 신용카드를 받아요?	**Which credit cards do you accept?** 위취 크뤠딧 카즈 드유 액쎕트

*PART 2 실전활용: **상황별** 영어회화 표현*

영수증 주시겠어요?	**Could I have a receipt?**
	크다이 해-버 뤼씨-트
계산이 틀린 것 같은데요.	**I think there is a mistake in this bill.**
	아이 띵크 데어-저 미스테익 인 디스 빌
거스름돈이 틀려요.	**You gave me the wrong change.**
	유 게이브 미 더 뤙 췌인쥐
아직 거스름돈을 못 받았어요.	**I haven't got my change back yet.**
	아이 해븐트 갓 마이 췌인쥐 백 옛
포장지 있어요?	**Do you have any wrapping paper?**
	드유- 헵 에니 뤱-핑 페이퍼-
한국으로 배송해 주시겠어요?	**Could you deliver it to Korea?**
	크쥬- 딜리버-릿 트 커뤼-아
언제 받아볼 수 있어요?	**When would it arrive?**
	웬 우-딧 어롸이브
오늘 중으로 받았으면 해요.	**I'd like to have it today.**
	아이들 라익 트 해-빗 트데이

교환·환불

어제 여기서 이걸 샀어요.	**I bought this here yesterday.** 아이 보-트 디스 히어- 예스터-데이
이 잔이 깨져 있어요.	**This glass is broken.** 디스 글래-스 이즈 브로우큰
작동이 안 돼요.	**It's not working.** 이츠 낫 워-킹
여기 얼룩이 있어요.	**I found a stain here.** 아이 퐈운-더 스테인 히어-
살 때는 못 봤어요.	**I didn't notice when I bought it.** 아이 디든 노우리스 웬 아이 보-릿
아직 사용하지 않았어요.	**I haven't used it at all.** 아이 해븐트 유-즈드 잇 앳 올
좀 볼 수 있을까요?	**May I see it, please?** 메아이 씨- 잇 플리즈
교환해 줄 수 있어요?	**Can I exchange it?** 캐나이 익스췌인쥐 잇

*PART 2 실전활용: **상황별 영어회화 표현***

환불받고 싶은데요.	**I'd like to get a refund, please.** 아이들 라익 트 게-러 뤼-퓐드 플리이즈
이것을 교환하고 싶은데요.	**I'd like to exchange it.** 아이들 라익 트 익스췌인쥐 잇
수리해서 한국으로 보내 주시겠어요?	**Could you fix it and send it to Korea?** 크쥬 퓍-셋 앤 쎈-딧 트 커뤼-아
새 물건으로 교환해 주시겠어요?	**Could you exchange this for a new one?** 크쥬 익스췌인쥐 디스 포-러 뉴- 원
새 것 여기 있습니다.	**Here's a new one.** 히어-저 뉴- 원
영수증을 갖고 계세요?	**Do you have the receipt?** 드 유 햅 더 뤼씨-트
영수증을 안 갖고 왔어요.	**I didn't get a receipt.** 아이 디든트 겟 어 뤼씨-트
영수증이 없으면 환불해 드릴 수 없습니다.	**If you don't have the receipt, we can't give you a refund.** 이프 유 도운 햅 더 뤼씨-트 위 캔트 기뷰 어 뤼-퓐드

현장에서 원어민과 대화한다고 생각하고 말하기 연습을 해 보세요. 먼저 전체 대화 내용을 듣고, 신호음이 들리면 앞에 나온 표현을 그대로 이용하거나 응용해서 우리말 부분을 영어로 말해 보세요.

SCENE 01 둘러볼 때

- May I help you?
- 그냥 구경만 하는 거예요, 고맙습니다.
- If you need any help, please let me know.
- Thank you.

해석 · 스크립트

W: 무얼 도와 드릴까요? | M: I'm just looking, thank you. | W: 도움이 필요하면 말씀하세요. | M: 고마워요.

SCENE 02 백화점에서

- 카메라 매장은 어디 있어요?
- It's over to the left on this floor.
- 저 여성복 매장 너머인가요?
- Yes, it is.
- Thank you.

해석 · 스크립트

M: Where is the camera department? | W: 이 층의 왼쪽 끝에 있어요. | M: Is it beyond that ladies' clothing department? | W: 네. | M: 고맙습니다.

PART 2 실전활용: 상황별 영어회화 표현

SCENE 03 기념품점에서

- 한국에 가져갈 기념품을 찾고 있어요.
- How about this wooden doll?
- 얼마죠?
- 10 dollars and 50 cents, sir.
- 좋아요. 그걸로 할게요.
- Thank you.

> **해석 스크립트**
>
> M: I'm looking for souvenirs to take to Korea. | W: 이 목제인형은 어떠세요? | M: How much is it? | W: 10달러 50센트입니다. | M: All right. I'll take it. | W: 고맙습니다.

SCENE 04 보석 가게에서

- 다이아몬드 반지를 좀 보여주시겠어요?
- How about this?
- 이거 몇 캐럿이죠?
- It's one carat.
- 끼어 봐도 돼요?
- Please do.

> **해석 스크립트**
>
> M: Could you show me some diamond rings? | W: 이건 어떠세요? | M: How many carats is this? | W: 1캐럿입니다. | M: May I try it on? | W: 그러세요.

SCENE 05 — 여성복 가게에서

🧑 이런 옷 주세요.

👨 What size do you wear?

🧑 잘 몰라요.

👨 A size 6 might fit you. Would you like to try this on?

🧑 Sure.

> **해석 스크립트**
> W: I'd like a dress like this. | M: 몇 사이즈 입으세요? | W: I'm not sure. | M: 6 사이즈가 맞으실 것 같군요. 이거 입어보시겠어요? | W: 네.

SCENE 06 — 계산할 때

👨 전부 해서 얼마죠?

🧑 Including this bottle, it's 88 dollars and 50 cents.

👨 카드로 지불할게요.

🧑 May I have your signature here?

👨 Sure.

> **해석 스크립트**
> M: How much is it, all together? | W: 이 병을 포함하면 88달러 50센트입니다. | M: I'll charge it. | W: 여기에 서명을 좀 해 주시겠어요? | M: 그러지요.

PART 2 실전활용: **상황별 영어회화 표현**

SCENE 07 : 교환할 때

🙍 어제 여기서 이 목걸이를 샀는데 이 곳이 부러져 있어요.

👨 Oh, is it? May I look at it more closely?

🙍 그러세요. 교환해 줄 수 있어요?

👨 Yes, of course. Do you have the receipt?

🙍 Yes, here it is.

👨 Here's a new one.

🙍 Thank you.

해석 스크립트

W: I bought this necklace here yesterday, but this part is broken. | M: 그래요? 자세히 볼 수 있을까요? | W: Sure. Can I exchange it? | M: 물론입니다. 영수증을 갖고 계세요? | W: 여기 있어요. | M: 새 것 여기 있습니다. | W: 고맙습니다.

01. 계획 세우기 02. 초대 03. 방문 04. 파티 05. 저녁식사 06. 식사 후 작

Chapter 8

사교

스포츠 || Let's Talk!

계획 세우기

수영 좋아하세요?	**Do you like to swim?** 드유- 라익 트 스윔
골프는 잘 치세요?	**How's your golf game?** 하우-즈 유어- 골-프 게임
토요일 오후에 테니스 치는 친구들이 있어요.	**Some of my friends play tennis on Saturday afternoons.** 썸 오브 마이 프렌즈 플레이 테니스 온 쌔-러-데이 애-프터-누운스
하시고 싶으면 언제 같이 하시죠.	**You could come with us sometime, if you want.** 유 쿳 컴 위-드스 썸타임 이퓨 원트
금요일 밤에 교향곡 연주회에 가려고 해요.	**I'm going to the symphony on Friday night.** 아임 고우잉 트 더 씸퍼니 온 프라이데이 나잇
가시겠어요?	**Would you like to go?** 으쥬- 라익 트 고우
영화 '헝거 게임' 보셨어요?	**Have you seen the movie *Hunger Games*?** 해뷰 씨인 더 무-비 헝거- 게임즈
어디서 만날까요?	**Where shall we meet?** 웨어- 샬 위 미잇

*PART 2 실전활용: **상황별 영어회화** 표현*

11시 반에 데리러 갈게요.	**I'll pick you up at 11:30.**
	아일 피-큐 업 앳 일레븐 떠-뤼

다음 주말에는 시간이 안 돼요.	**Next weekend isn't convenient for me.**
	넥스트 위-켄드 이즌 컨비-니언트 포- 미

오늘 오후 경기에 같이 갈 수 없을 것 같은데요.	**I'm afraid I'm not going to be able to go to the game with you this afternoon after all.**
	아임 어프뤠잇 아임 낫 고우잉 트 비 에이블 트 고우 트 더 게임 윗 유- 디스 애-프터-누운 애-프터- 올-

사장님이 긴급회의를 소집하셨어요.	**My boss called an emergency meeting.**
	마이 보스 콜-던 이머-젼씨 미-링

몸이 좀 안 좋아요.	**I don't feel well.**
	아이 도운 퓔- 웰-

그렇다니 안됐군요.	**I'm sorry to hear that.**
	아임 쏘뤼- 트 히어- 댓

아마 다음번엔 같이 갈 수 있을 거예요.	**Maybe I can go with you next time.**
	메이비 아이 캔 고우 윗 유- 넥스트 타임

저 혼자 가야할 것 같네요	**Maybe I'll just go by myself.**
	메이비 아일 져스트 고우 바이 마이셀프

Chapter 8 사교 244

초대

내일 점심식사 같이 할까요?	**Shall we have lunch together tomorrow?** 샬위 해브 런취 트게더- 트머-로우
금요일에 저녁식사 하러 와 주시겠어요?	**Would you like to come to dinner this Friday?** 으쥬- 라익 트 컴 트 디너- 디스 프라이데이
네, 정말 가고 싶어요.	**Sure, I'd like to.** 슈어- 아이들 라익 트
물론이죠. 좋아요.	**Sure. Sounds good.** 슈어- 싸운즈 구웃
초대해 줘서 고마워요.	**Thank you for your invitation.** 땡큐- 포- 유어- 인비테이션
그거 좋습니다.	**That's a good idea.** 대-처 구웃 아이디어
고마워요. 기꺼이 가죠.	**Thanks, I'd love to.** 땡스 아이드 러-브 트
몇 시까지 가면 되죠?	**What time should I be there?** 왓 타임 슈다이 비 데어-

PART 2 실전활용: 상황별 영어회화 표현

정말 기다려지는데요.	**I'm looking forward to it.** 아임 루킹 풔-워-드 트 잇	
할 일이 좀 있어서요.	**I have to do some work.** 아이 햅-트 두- 썸 워억	
아쉽네요.	**That's too bad.** 대츠 투 배-드	
그날은 야근을 해야 해서요.	**I have work that night.** 아이 해브 워억 댓 나잇	
가고 싶은데 회의가 있어요.	**I'd like to, but I have a meeting.** 아이들 라익 트 벗 아이 해-버 미-링	
금요일은 괜찮으세요?	**Could you make it Friday?** 크쥬- 메-킷 프라이데이	
금요일엔 다른 일이 있어요.	**I've already made plans for Friday.** 아이브 올-뤠리 메이드 플랜-즈 포- 프라이데이	
다음에 갈게요.	**I'll take a rain check.** 아일 테이-커 뤠인 췍	

잘 오셨어요.	**Thank you for coming.** 땡큐- 포- 커밍
집은 쉽게 찾으셨어요?	**Did you have any trouble finding my place?** 디-쥬 햅 에니 트뤼블 퐈인딩 마이 플레이스
너무 일찍 온 건 아니죠.	**I hope I'm not too early.** 아이 호웁 아임 낫 투- 얼-리
늦어서 죄송해요.	**We're sorry to be late.** 위아- 쏘뤼- 트 비 레이트
기다리게 해서 죄송해요.	**I'm sorry to have kept you waiting.** 아임 쏘뤼- 트 해브 켑츄 웨이팅
코트 받아 드릴까요?	**May I take your coat?** 메아이 테이-큐어- 코웃-
이쪽으로 오시겠어요?	**Why don't you come this way?** 와이 돈-츄 컴 디스 웨이
손님 몇 분이 와 계세요.	**Several guests have already arrived.** 세브럴 게스츠 해브 올-뤠디 어롸이브드

*PART 2 실전활용: **상황별 영어회화 표현***

존슨 부부가 와 계세요.	**Mr. and Mrs. Johnson are already here.** 미스터- 앤 미씨즈 존슨 아- 올-뤠리 히어-	
자, 선물 받으세요.	**Here's something for you.** 히어-즈 썸띵 포- 유	
편히 하세요.	**Make yourself at home.** 메익- 유어-셀프 앳 호움	
마실 것 좀 드릴까요?	**What would you like to drink?** 왓 으쥬- 라익 트 드륑	
잭슨 박사를 뵌 적 있어요?	**Have you met Dr. Jackson?** 해-뷰 멧 닥터- 잭-슨	
그는 미시간 대학에서 암 연구를 하세요.	**He's engaged in cancer research at the University of Michigan.** 히-즈 인게이쥐드 인 캔-써- 뤼써-취 앳 더 유-니버-씨리 옵 미쉬건	
집 구경을 시켜 드릴까요?	**Can I give you a tour of the house?** 캐나이 기-뷰 어 투어- 오브 더 하우스	
불편한 건 없으세요?	**Is there anything that's inconveniencing you?** 이즈 데어- 에니띵 대츠 인컨비-니언씽 유	

04 파티

초대해 줘서 고마워요.	**Thank you for inviting me.** 땡큐- 포- 인바이링 미
줄리, 이 쪽은 낸시예요.	**Julie, this is Nancy.** 줄-리 디스 이즈 낸-시
그녀는 우리 반 친구예요.	**She's in my class.** 쉬-즈 인 마이 클래-스
처음 뵙겠습니다.	**How do you do?** 하우 드 유 두
만나서 반가워요.	**Nice to meet you.** 나이스 트 미츄
낸시라고 불러 주세요.	**Please call me Nancy.** 플리이즈 콜- 미 낸-시
뉴욕에는 친구를 만나러 왔어요.	**I'm visiting a friend of mine in New York.** 아임 비지팅 어 프뤤 돕 마인 인 뉴-욕
집이 참 예쁘군요.	**You have a lovely home.** 유- 해-버 러블리 호움

여기 앉아도 돼요?	**Can I sit here?**	
	캐나이 씻 히어-	

마실 걸 드릴까요?	**Could I offer you a drink?**
	크다이 어-풔- 유- 어 드륑

어떤 음료가 있어요?	**What kind of drinks do you have?**
	왓 카인돕 드륑스드 유 해-브

맥주가 좋겠어요.	**Beer would be fine.**
	비어- 웃 비 퐈인

칩과 소스는 식탁 위에 있어요. 많이 드세요.	**Chips and dips are on the table ... help yourself.**
	쳅스 앤 딥스 아- 온 더 테이벌 헬-퓨어-쎌프

치즈와 크래커 좀 드세요.	**Have some cheese and crackers.**
	해브 썸 취-즈 앤 크래-커-즈

간식거리가 식탁 위에 있으니까 좀 드세요.	**There are some snacks on the table ... have some.**
	데어- 아- 썸 스낵-스 온 더 테이벌 해-브 썸

초대 고마웠어요.	**It was nice of you to invite me.**
	잇 워즈 나이스 오-뷰 트 인바잇 미

05 저녁식사

한국어	English	발음

뭐 좀 갖다 드릴까요? **Can I get you anything?**
캐나이 게츄 에니띵

뭐가 있어요? **What do you have?**
왓 드유- 해-브

진피즈 주세요. **I'd like a gin fizz, please.**
아이들 라이-커 쥔 퓌-즈 플리이즈

커피 한 잔 주실래요? **Can I have a cup of coffee?**
캐나이 해-버 컵 오브 커-퓌

편안히 즐기세요. **Please, be my guest.**
플리이즈 비 마이 게스트

맥주 한 잔 더 하시겠어요? **Would you like another beer? / How about another beer?**
으쥬- 라익 어나더- 비어- / 하우-바웃 어나더- 비어-

저녁이 준비됐어요. **Dinner is ready.**
디너- 이즈 뤠리

식당으로 가시죠. **Please come into the dining room.**
플리이즈 컴 인트 더 다이닝 루움

양껏 더시고 요리를 옆으로 돌리세요.	**Help yourself and pass these dishes around.** 헬프 유어쎌프 앤 패-스 디-즈 디쉬-즈 어롸운드
이 작은 접시가 빵 접시인가요?	**Is this small plate for bread?** 이즈 디스 스몰- 플레이트 포- 브뤠드
야채그릇 좀 건네주겠어요?	**Could you pass the vegetable plate?** 크쥬- 패-스 더 베쥐터블 플레이트
캐첩 다 쓰셨으면 제게 주시겠어요?	**Could I have the ketchup when you're done with it?** 크다이 해브 더 케첩 웬 유아- 던 위-딧
물 좀 더 주시겠어요?	**Could I have more water?** 크다이 해브 모어- 워-러-
벌써 다 드셨어요?	**Are you done already?** 아- 유 던 올-뤠디
좀 더 드시지 그러세요?	**Why don't you help yourself to some more?** 와이 돈츄 헬프 유어-쎌프 트 썸 모어-
이 야채요리의 조리법 좀 알려 주시겠어요?	**Could I have the recipe for this vegetable dish?** 크다이 햅 더 뤠써피이 포- 디스 베쥐터블 디쉬-

06 식사 후·작별인사

저녁식사 맛있게 먹었어요.	**This was a wonderful dinner.** 디스 워-저 원더-풀 디너-
디저트는 거실에서 먹을까요?	**Shall we eat dessert in the family room?** 샬위 이잇 디저-트 인 더 패-멀리 루움
파이나 케이크를 한쪽 드시겠어요?	**Would you like a piece of pie or cake?** 으쥬- 라이-커 피스 오브 파이 오- 케익-
초콜릿 케이크를 한쪽 주세요.	**I'd like a piece of chocolate cake.** 아이들 라이-커 피스 오브 쵸-콜릿 케익-
아이스크림도 드시겠어요?	**Would you like ice cream with it?** 으쥬- 라익 아이스 크뤼-임 위-딧
파이를 좀 더 먹어도 돼요?	**Can I have some more pie?** 캐나이 햅 썸 모어- 파이
필요한 게 있으면 말씀하세요.	**If you need anything, please say so.** 이퓨 니잇- 에니띵 플리이즈 쎄이 쏘우
정말 즐거웠어요.	**I had a great time.** 아이 햇-더 그뤠잇 타임

PART 2 실전활용: **상황별 영어회화 표현**

이만 가봐야겠어요.	**I must be running now.** 아이 머스트 비 뤄-닝 나우
먼저 실례해야겠어요.	**I need to excuse myself.** 아이 니이-트 익스큐-즈 마이쎌프
좀 더 있다 가지 그러세요?	**Can't you stay a little longer?** 캔츄 스테이 어 리를 롱거-
오늘 밤 참석해 주셔서 고마워요.	**Thank you for joining us tonight.** 땡큐- 포- 죠이닝 어스 트나잇
저녁식사에 초대해 주셔서 고마워요.	**Thank you for inviting us to dinner.** 땡큐- 포- 인바이링 어스 트 디너-
자주 놀러 오세요.	**Come and see us often.** 컴 앤 씨-어스 어픈
조심해서 가세요.	**Take it easy.** 테이-킷 이-지
조만간 다시 모였으면 해요.	**I hope we'll get together again soon.** 아이 호웁 위일 겟 트게더- 어젠 쑨-

07 스포츠

금요일 저녁 7시에 테니스 코트를 예약할 수 있나요?	**Could I reserve a tennis court for 7 Friday evening?** 크다이 뤼져-버 테니스 코-옷 포- 쎄븐 프라이데이 이-브닝
코트를 1시간 예약할 수 있나요?	**Can I reserve the court for an hour?** 캐나이 뤼져-브 더 코-옷 포-런 아우어-
이번 주에 와일드캣츠가 홈 경기를 해요?	**Are the Wildcats playing at home this week?** 아- 더 와일드캐-츠 플레잉 앳 호움 디스 위익
금요일 밤에 홈경기가 있어요.	**They'll be at home on Friday nights.** 데이일 비 앳 호움 온 프라이데이 나이츠
남은 표 있어요?	**Are there tickets available?** 아- 데어- 티키츠 어베일러블
금요일 야간경기 표 다섯 장 주세요.	**I'd like five tickets for Friday night's game.** 아이들 라익 파입 티키츠 포- 프라이데이 나이츠 게임
우리 자리가 어디죠?	**Where are our seats?** 웨어- 아- 아우어- 씨이츠
음료나 먹을 것을 드실래요?	**Do you want a drink or something to eat?** 드유- 원-어 드링 오- 썸띵 트 이잇

야구는 잘 몰라요.	**I don't understand much about baseball.** 아이 도운 언더-스탠- 머취 어바웃 베이스볼-
이 경기의 규칙을 모르겠어요.	**I don't understand the rules of this game.** 아이 도운 언더-스탠- 더 룰-즈 오브 디스 게임
그것에 대해 간단히 설명해 주시겠어요?	**Could you explain a little bit about it?** 크쥬- 익스플레인 어 리틀 빗 어바우-릿
어떻게 점수를 얻어요?	**How does a team score?** 하우 더-저 티임 스코어-
바스켓에 공을 넣으면 몇 점을 얻어요?	**How many points does a team get for a basket?** 하우 메니 포인츠 더-저 티임 겟 포-러 배-스킷
어느 팀을 응원하세요?	**Which team are you rooting for?** 위취 티임 아- 유 루-링 포-
선수들이 왜 저러고 있죠?	**Why are they doing that?** 와이 아- 데이 두-잉 댓
이 경기에서 누굴 응원할 거예요?	**Who will you root for in this game?** 후 윌류- 루-트 포 디스 게임

LET'S TALK!

현장에서 원어민과 대화한다고 생각하고 말하기 연습을 해 보세요. 먼저 전체 대화 내용을 듣고, 신호음이 들리면 앞에 나온 표현을 그대로 이용하거나 응용해서 우리말 부분을 영어로 말해 보세요.

SCENE 01　약속할 때 1

🗨 목요일 밤에 야구경기가 있어서 우리 몇 명이 갈 생각인데요. 같이 갈래요?

🗨 What time does it start?

🗨 7시요. 저녁을 먹으러 5시 반에 경기장 옆에 있는 월츠버거에서 모이기로 했어요.

🗨 That sounds like fun.

🗨 좋아요. 그럼 목요일 5시 반에 봐요.

해석　스크립트

M: There's a baseball game on Thursday night, and several of us are planning to go. Do you want to go with us? | W: 몇 시에 시작하죠? | M: At seven. We're going to meet at Walt's Burgers next to the stadium for dinner at 5:30. | W: 재미있을 것 같군요. | M: OK, we'll see you at 5:30 on Thursday then.

SCENE 02　약속할 때 2

🗨 죄송하지만, 오늘 오후에 영화 보러 같이 갈 수 없을 것 같아요. 사장님이 긴급회의를 소집하셔서요.

🗨 That's too bad. Maybe I'll just go by myself.

🗨 좋은 시간을 보내시고, 아마 언제 같이 갈 수 있을 거예요.

🗨 I hope so.

해석　스크립트

M: I'm sorry, but I can't go to the movie with you this afternoon after all. My boss called an emergency meeting. | W: 아쉽네요. 저 혼자 가야할 것 같네요. | M: Have a good time, and maybe I can go with you some other time. | W: 그러면 좋겠어요.

PART 2 실전활용: 상황별 영어회화 표현

SCENE 03 — 초대를 수락할 때

- Would you like to come to dinner this Saturday?
- 네, 가고 싶어요. 어디 사세요?
- 1212 Ohio Street. We'll start about 7 o'clock.
- 정말 기다려지는데요.

> **해석 | 스크립트**
> M: 토요일에 저녁식사 하러 와 주시겠어요? | W: Sure, I'd like to. Where do you live? | M: 오하이오가 1212번지예요. 7시 쯤 시작할 거예요. | W: I'm looking forward to it.

SCENE 04 — 초대를 거절할 때

- Would you like to come to dinner on Friday?
- 초대해 줘서 고마운데요, 할 일이 좀 있어서요.
- That's too bad. My wife wants to meet you.
- 토요일로 할 수 있어요?
- Sure, that'd be fine.

> **해석 | 스크립트**
> M: 금요일에 저녁식사 하러 와 주시겠어요? | W: It's kind of you to invite me, but I have to do some work. | M: 아쉽네요. 제 아내가 당신을 뵙고 싶어 해요. | W: Could you make it Saturday? | M: 네, 좋아요.

SCENE 05 — 현관에서

- 안녕하세요. 잘 오셨어요.
- Thank you for having me.
- 코트 받아 드릴까요?
- Thank you.

🗣 거실로 가시겠어요?

> **해석 스크립트**
> W: Hello. Thank you for coming. | M: 초대해 줘서 고마워요. | W: May I take your coat? | M: 고마워요. | W: Why don't you come into the living room?

SCENE 06 mp3 254 거실에서

🗣 마실 건 뭘 갖다 드릴까요?

🧑 I'd like a gin and tonic, please.

🗣 All right. Have some nuts, if you like.

🧑 Thank you.

🗣 데이 교수를 뵌 적 있으세요? 보스턴 대학에서 영어를 가르치세요.

> **해석 스크립트**
> W: What can I get you to drink? | M: 진토닉 한 잔 주세요. | W: 알겠어요. 좋아하시면 호두 좀 드세요. | M: 고마워요. | W: Have you met Prof. Day? He teaches English at Boston College.

SCENE 07 mp3 255 식탁에서

🧑 Dinner is ready. Please come into the dining room. (in the dining room) Sit wherever you like.

🗣 고기를 양껏 더시고 옆으로 돌리세요.

🧑 Have some of these and pass them around.

🧑 이게 샐러드용 그릇인가요?

🧑 Yes, it is. This small plate is for bread. Go ahead and start eating.

🧑 소금하고 후추 좀 건네주겠어요?

🧑 Here you are.

🧑 Thank you.

PART 2 실전활용: 상황별 영어회화 표현

> 해석 스크립트

M1: 저녁이 준비 됐어요. 식당으로 가시죠. (식당에서) 편하신 자리에 앉으세요. | W: Please help yourself to the meat and pass it around. | M1: 이것들을 좀 더시고 옆으로 돌리세요. | M2: Is this bowl for salad? | M1: 네, 이 작은 접시는 빵 접시에요. 자, 어서 드세요. | M2: Could you pass the salt and pepper? | M1: 여기 있어요. | M2: 고마워요.

SCENE 08 — 식사 후에

🙂 저녁 잘 먹었어요.

👩 Thank you. Shall we eat dessert in the family room? (moving to the family room) Would you like a piece of pie or cake?

🙂 어떤 파이가 있어요?

👩 We have apple and cherry.

🙂 애플파이를 한쪽 주세요.

👩 Would you like ice cream with it? And coffee?

🙂 Yes, please.

> 해석 스크립트

M: This was a wonderful dinner. | W: 고마워요. 디저트는 거실에서 먹을까요? (거실로 가서) 파이나 케이크를 한쪽 드시겠어요? | M: What kind of pie do you have? | W: 애플파이와 체리파이가 있어요. | M: I'd like a piece of apple pie. | W: 아이스크림도 드릴까요? 커피도요? | M: 네, 주세요.

SCENE 09 — 파티에서

👩 들어오세요, 미선 씨, 와 주셔서 기뻐요.

👧 Thank you for inviting me.

👩 네. 제 남편 월터를 만나 본 적 있어요?

👧 No, I don't think I have.

👩 월트, 이 쪽은 김미선이에요. 저와 같이 일하고 있어요.

🧑 I'm glad to meet you, Mi-sun.

👩 별말씀을요.

🧑 Could I offer you a drink? We have beer and white wine.

👩 White wine would be fine.

> **해석 스크립트**
>
> W1: Come on in, Mi-sun. I'm glad you could make it. | W2: 초대해 줘서 고마워요. | W1: Certainly. Have you met my husband, Walt? | W2: 없는 것 같아요. | W1: Walt, this is Mi-sun Kim. She works with me. | M: 미선 씨, 만나서 반가워요. | W2: It's my pleasure. | M: 마실 걸 드릴까요? 맥주와 백포도주가 있어요. | W2: 백포도주가 좋겠어요.

SCENE 10   *작별인사를 할 때*

🧑 이런, 벌써 11시네요. 우린 집에 가봐야겠어요.

👩 Thank you for joining us tonight. We had a great time.

🧑 초대해 주셔서 고마워요. 저녁 잘 먹었어요.

👩 I hope we'll get together again soon.

🧑 우리도 그러길 바라요.

👩 Here're your coats.

🧑 Thank you.

> **해석 스크립트**
>
> M: Well, it's already 11 o'clock. We have to get home. | W: 오늘 밤 참석해 주셔서 고마워요. 정말 즐거웠어요. | M: Thank you for having us over. It was a wonderful dinner. | W: 조만간 다시 모였으면 해요. | M: We hope so, too. | W: 코트 여기 있어요. | M: 고마워요.

*PART 2 실전활용: **상황별 영어회화 표현***

SCENE 11 : 코트를 예약할 때

🙂 토요일 오후 2시에 라켓볼 코트를 예약할 수 있나요?

👩 Certainly. Could you give me your name?

🙂 It's Woo-jin Park.

👩 How long would you like to reserve it?

🙂 괜찮다면 2시간 예약해 주세요.

👩 That's fine.

> **해석 스크립트**
>
> M: Could I reserve a racquetball court for two Saturday afternoon? | W: 네. 성함을 알려 주시겠어요? | M: 박우진입니다. | W: 몇 시간 예약하시겠어요? | M: For two hours, if that's OK. | W: 그렇게 하세요.

SCENE 12 : 경기를 관전할 때

👩 우리 자리가 어디죠?

🙂 They're in section seven, row 12.

👩 풋볼은 잘 몰라요. 간단히 설명을 해 주시겠어요?

🙂 Sure. The team that has the ball is trying to get it across the goal line. They can throw the ball or run with it.

👩 Uh-huh.

🙂 However, if they can't move it at least ten yards in four plays, they have to give it up to the other team.

👩 I see.

> **해석 스크립트**
>
> W: Where are our seats? | M: 7구역 12열에 있어요. | W: I don't understand much about football. Could you explain a little bit about it? | M: 네, 공을 소유한 팀이 골라인 돌파를 시도해요. 공을 던져도 되고 갖고 뛰어도 되죠. | W: 그렇군요. | M: 그런데 네 번 시도에 최소 10야드를 전진하지 못하면 상대팀에게 공을 넘겨주어야 해요. | W: 알겠어요.

01. 분실 02. 도난 03. 재발행 받기 04. 병과 부상 1 05. 병과 부상 2 06. 노

Chapter 9

긴급 상황

분실

지갑을 잃어버렸어요.	**I lost my purse.** 아이 로-스트 마이 퍼-스
이 카운터 위에 놔뒀었는데요.	**I left it on this counter.** 아이 레프트 잇 온 디스 카운터-
바로 10분 전쯤이에요.	**Just about 10 minutes ago.** 져스-터바웃 텐 미니츠 어고우
어디에서 잃어버렸는지 생각이 안 나요.	**I don't remember where I lost it.** 아이 도운 뤼멤버- 웨어- 아이 로스트 잇
짙은 갈색입니다.	**It's dark brown.** 이츠 다악 브롸운
찾으면 101호실로 전화해 주시겠어요?	**If you find it, would you call me in Room 101?** 이-퓨 파인 잇 으쥬- 콜- 미 인 루움 원 오우 원
열차 안에 물건을 두고 내렸어요.	**I left something on the train.** 아이 레프트 썸띵 온 더 트뤠인
LA유니언 역 10시발 열차로 도착했어요.	**I arrived here on a train which left LA Union Station at ten.** 아이 어롸이브드 히어- 오너 트뤠인 위취 레프트 엘에이 유니언 스테이션 엣 텐

어젯밤에 그쪽 가게에 갈색 지갑을 두고 나왔어요.	**I left a brown wallet in your store last night.** 아이 레프트 어 브롸운 월-릿 인 유어- 스토어- 래-스트 나잇
혹시 정오쯤에 계산대 근처에서 검정색 서류가방을 보셨나요.	**I was wondering if you had found a black briefcase near the cashier around noon.** 아이 워즈 원더륑 이-퓨 햇 퐈운-더 블랙 브뤼-프케이스 니어- 더 캐쉬어- 어롸운- 누운
누가 지갑을 주워서 맡기지 않았어요?	**Has anyone turned in a wallet?** 해즈 에니원 터언드 인 어 월-릿
30분 후에 그쪽으로 갈게요.	**I'll be there in half an hour.** 아일 비 데어- 인 해-펀 아우어-
10분 전쯤에 신용카드 돌려받는 걸 깜빡했어요.	**I forgot to get my credit card back about ten minutes ago.** 아이 풔-갓 트 겟 마이 크뤠딧 카드 백- 어바웃 텐 미니츠 어고우
찾는 걸 도와 주시겠어요?	**Could you help me find it?** 크쥬 헬-미 파인-딧
어디에 신고해야 하죠?	**Who should I report it to?** 후 슈다이 뤼포엇 잇 트

02 도난

방에 도둑이 들었어요.	**A burglar broke into my room.** 어 버-글러 브뤄우크 인트 마이 루움
가방을 도둑맞았어요.	**My bag was stolen.** 마이 백- 워즈 스토울른
방에서 카메라를 훔쳐 갔어요.	**My camera was stolen from my room.** 마이 캐-므롸 워즈 스토울른 프뤔 마이 루움
지하철에서 소매치기 당했어요.	**My pocket was picked in the subway.** 마이 파-키트 워즈 픽트 인 더 썹웨이
지갑에 약간의 현금과 여행자 수표가 있었어요.	**I had some cash and traveler's checks in my wallet.** 아이 햇 썸 캐-쉬 앤 트뤠블러즈 췍스 인 마이 월-릿
절도 신고를 하러 왔어요.	**I'm here to report a theft.** 아임 히어- 트 뤼포-터 떼프트
도둑맞은 게 언제이고 어디였어요?	**When and where was it stolen?** 웬 앤 웨어- 워-짓 스토울른
그 남자의 인상착의를 설명해 주시겠어요?	**Could you describe his appearance?** 크쥬- 디스크롸이브 히스 어피어뤈스

PART 2 실전활용: 상황별 영어회화 표현

마르고 갈색 머리였어요.	**He was thin with brown hair.**
	히 워즈 띤 윗 브라운 헤어-

목격자는 없었나요?	**Were there any witnesses?**
	워- 데어- 에니 위트니씨즈

지나던 여성이 봤는데… 이름과 주소를 알고 있어요.	**A woman on the street saw it…. I have her name and address.**
	어 우먼 온 더 스트릿 쏘우 잇 아이 햅- 허- 네임 앤 애드뤠스

보험 신고를 위해 경찰 신고서가 필요해요.	**I need a police report for my insurance.**
	아이 니이-더 펄리스 뤼포-트 포- 마이 인슈어-뤈스

도난 증명서를 발행해 주시겠어요?	**Could you make out a report of the theft?**
	크쥬 메이-카우-터 뤼포엇 오브 더 떼프트

찾게 되면 호텔로 연락해 주세요.	**Please call my hotel as soon as you find it.**
	플리이즈 콜- 마이 호우텔 애즈 쑨 어즈 유 파인딧

프라자 호텔에 묵고 있어요.	**I'm staying at the Plaza Hotel.**
	아임 스테잉 앳 더 플라-자 호우텔

여기 한국어를 아시는 분 안 계세요?	**Is there anyone here who speaks Korean?**
	이즈 데어- 에니원 히어- 후 스피익스 코뤼-언

03 재발행 받기

소매치기 당해서 신용카드를 도둑맞았어요.	**My pocket was picked, and my credit card was stolen.** 마이 파킷 워즈 픽트 앤 마이 크뤠딧 카드 워즈 스토울른
이름, 신용카드 번호와 유효기한을 불러 주시겠어요?	**May I have your name, credit card number, and the expiration date?** 메아이 햅 유어- 네임 크뤠딧 카드 넘버- 앤 디 엑스퍼-뤠이션 데이트
유효기한은 2016년 2월까지입니다.	**The expiration date is February 2016.** 디 엑스퍼-뤠이션 데이트 이즈 페브뤄리 투 싸우즌드 씩스티인
마지막으로 언제 사용하셨어요?	**When did you use it last?** 웬 디쥬 유-짓 래-스트
오늘 오전에 로마 레스토랑에서 사용했어요.	**I used it this morning at the Rome Restaurant.** 아이 유-즈드 잇 디스 모-닝 앳 더 로움 뤠스터-뤈트
영수증을 갖고 계세요?	**Do you have your receipts?** 드유- 햅 유어- 뤼씨이츠
카드를 정지시키고 재발급해 드릴게요.	**I'll put a stop on your card and reissue it.** 아일 푸터 스탑 온 유어- 카-드 앤 뤼-이슈-잇

새 카드를 발급해 줄 수 있어요?	**Can I have a new card?** 캐나이 해-버 뉴 카드
새 카드를 언제 받을 수 있어요?	**When will I get a new card?** 웬 윌 아이 게-러 뉴 카드
공항의 저희 회사 창구에서 받으시면 됩니다.	**You can pick it up at our counter at the airport.** 유 캔 피-키-럽 앳 아우어- 카운터- 앳 디 에어-포엇
여행자수표를 잃어버렸어요. 구매계약서 여기 있어요.	**I've lost my traveller's checks. Here is the purchase agreement.** 아이브 로스트 마이 트뤠블러즈 췌스 히어-리즈 더 퍼-췌스 어그뤼-먼트
재발급에 얼마나 걸리죠?	**How long does it take to have them reissued?** 하울롱 더-짓 테익 트 해브 뎀 뤼이슈-드
어디서 재발급을 받을 수 있어요?	**Where can I have them reissued?** 웨어- 캐나이 해브 뎀 뤼이슈-드
여권을 재발급 받으려면 뭐가 필요하죠?	**What do I need to have my passport reissued?** 왓 드아이 니드 트 햅 마이 패스포-엇 뤼이슈-드

04 병과 부상 1

(전화로) 의사 좀 불러 주시겠어요?	(on the phone) **Would you call a doctor for me?** 으쥬- 콜-러 닥터- 포- 미
한국말을 아는 의사가 계세요?	**Do you have a Korean-speaking doctor?** 드유 해-버 코뤼-언 스피이킹 닥터-
구급차를 불러 주세요.	**Please call an ambulance.** 플리이즈 콜-런 앰-뷸런스
빨리 제 팔에 붕대를 감아 주세요.	**Please bandage my arm immediately.** 플리이즈 밴-디쥐 마이 아암 임미-디엇틀리
어디 안 좋으세요?	**What's the matter? / What's wrong? / What's the problem?** 와츠 더 매-러- / 와츠 륑- / 와츠 더 프뤄-블럼
귀가 멍멍해요.	**My ears are ringing.** 마이 이어-즈 아- 륑잉
숨쉬기가 어려워요.	**I have difficulty breathing.** 아이 햅 디퓌컬티 브뤼-딩
열이 많이 나고 머리가 아파요.	**I have a high fever and a headache.** 아이 해-버 하이 피-버- 앤 더 헤-데이크

PART 2 실전활용; 상황별 영어회화 표현

지금 체온이 몇 도에요?	**What's your temperature now?** 와츠 유어- 템퍼-춰- 나우
섭씨 39도입니다.	**It's 39 degrees centigrade.** 이츠 떠-뤼 나인 디그뤼-스 센터그뤠잇
발목을 삔 것 같아요.	**I think I sprained my ankle.** 아이 띵크 아이 스프뤠인드 마이 앵-클
못 걷겠어요.	**I can't walk.** 아이 캔트 워억
되도록 빨리 방으로 의사를 보내드릴게요.	**I'll send a doctor to your room as soon as possible.** 아일 쎈-더 닥터- 트 유어- 루움 애-즈 쑨- 어즈 파-써블
병원을 소개해 주시겠어요?	**Could you recommend a hospital?** 크쥬 뤠커멘-더 하스피틀
병원에 데려다 주세요.	**Please take me to a hospital.** 플리이즈 테익 미 트 어 하스피틀
얼마나 걸릴까요?	**How long will it take?** 하울롱 윌 릿 테익

05 병과 부상 2

무슨 일이에요?	**Is something wrong? / What's wrong?** 이즈 썸띵 뤙- / 와츠 뤙-
넘어졌어요.	**I fell.** 아이 풸-
계단에서 넘어졌어요.	**I fell down the stairs.** 아이 풸- 다운 더 스테어-즈
발을 다쳐서 혼자선 못 걷겠어요.	**My foot is injured, and I can't walk by myself.** 마이 풋 이즈 인쥬-드 앤 아이 캔트 워억 바이 마이쎌프
발목을 삐었나 봐요.	**I think I sprained my ankle.** 아이 띵크 아이 스프뤠인드 마이 앵클
불에 데었어요.	**I burned myself.** 아이 버언드 마이쎌프
팔을 다쳤어요.	**My arm is injured.** 마이 아암 이즈 인쥬-드
오른쪽 다리가 부러진 것 같아요.	**It feels like my right leg is broken.** 잇 퓔-즈 라익 마이 롸잇 레그 이즈 브로우큰

PART 2 실전활용: 상황별 영어회화 표현

피가 나요.	**It's bleeding.**
	이츠 블리-딩

이 근처가 아파요.	**It hurts around here.**
	잇 허-츠 어롸운 히어-

구급차를 부를까요?	**Shall I call an ambulance?**
	샬-아이 콜-런 앰-블런스

가장 가까운 응급실이 어디 있어요?	**Where's the nearest emergency room?**
	웨어-즈 더 니어-뤼스트 이머-퀀씨 루움

응급처치를 해 주세요.	**Please give me first aid.**
	플리이즈 김미 풔-스트 에이드

혈액형은 O형이에요.	**My blood type is O.**
	마이 블럿 타입 이즈 오우

제 친구가 심하게 다쳤어요.	**My friend is seriously injured.**
	마이 프뤤 이즈 씨뤼어슬리 인쥬-드

택시를 잡아주시면 응급실까지 갈 수 있을 것 같아요.	**If you could get a taxi, I think I can go to the emergency room.**
	이퓨 쿳 게-러 택-시 아이 띵크 아이 캔 고우 트 디 이머-퀀씨 루움

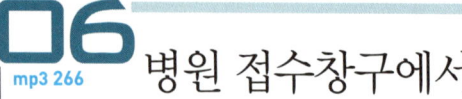

06 병원 접수창구에서

이가 아파요.	**I have a toothache.** 아이 해-버 투-쓰에익
충치인가 봐요.	**I think it's a cavity.** 아이 띵크 이-쳐 캐-비리
이 근처에 치과가 있나요?	**Is there a dentist's office near here?** 이즈 데어-러 덴티스츠 어-퓌스 니어- 히어-
치과를 소개해 주실래요?	**Can you recommend a dentist?** 캐뉴- 뤠커맨-더 덴티스트
전화로 예약을 하셔야 해요.	**You need to make an appointment by the phone.** 유 니잇-트 메익-컨 어포인트먼트 바이 더 포운
치과에 전화해서 예약해 드릴까요?	**Why don't I call him and make an appointment?** 와이 도운 타이 콜- 힘 앤 메익-컨 어포인트먼트
진찰을 받고 싶은데요.	**I'd like to see a doctor.** 아이들 라익 트 씨- 어 닥터-
어느 선생님을 보러 오셨어요?	**Who are you here to see?** 후 아- 유 히어- 트 씨-

PART 2 실전활용: *상황별 영어회화* 표현

1시에 카터 선생님과 예약을 했어요.	**I have an appointment with Dr. Long at 1 o'clock.** 아이 해-번 어포인트먼트 윗 닥터- 롱 앳 원 어클락
지금 다른 환자를 보고 계세요.	**He is seeing another patient.** 히-이즈 씨잉 어나더- 페이션트
여긴 처음이신가요?	**Is this your first time here?** 이즈 디스 유어- 풔-스트 타임 히어-
성함을 부를 때까지 앉아서 기다리세요.	**Please sit down and wait until I call your name.** 플리이즈 씻 다운 앤 웨잇 언틸 아이 콜- 유어 네임
얼마나 더 기다려야 하죠?	**How much longer will I have to wait?** 하우 머취 롱거- 윌-라이 햅-트 웨잇
의료보험 있으세요?	**Do you have medical insurance?** 드유- 햅 메리컬 인슈어뤈스
저희 병원에서는 이 보험을 적용할 수 없습니다.	**We can't accept this insurance.** 위 캔트 액쎕트 디스 인슈어-뤈스

07 증상 설명

오늘은 무슨 일이세요?	**What can I do for you today?**
	왓 캐나이 두 포- 유 트데이

오늘은 어디가 안 좋으세요?	**What's the problem today?**
	와츠 더 프라-블럼 트데이

열이 있고 기침이 나요.	**I have a fever and a cough.**
	아이 해-버 퓌-버- 앤-더 코-프

목이 아파서요.	**I have a sore throat. / My throat is sore.**
	아이 해-버 쏘어- 쓰로우트 / 마이 쓰로우트 이즈 쏘어-

허리가 아파요.	**I have a backache. / My back hurts.**
	아이 해-버 백-에익 / 마이 백- 허-츠

배가 심하게 아파요.	**I have a sharp pain in my stomach.**
	아이 해-버 샤-프 페인 인 마이 스터믹

독감에 걸렸나 봐요.	**I think I have the flu.**
	아이 띵크 아이 해-브 더 플루-

속이 울렁거려요.	**I feel nauseated.**
	아이 필- 너-지에이팃

PART 2 실전활용: **상황별 영어회화 표현**

머리가 계속 아파요.	**I've been having headaches.**
	아이브 비인 해-빙 헤-데익스

열이 나는 것 같아요.	**I feel like I have a fever.**
	아이 필-라익 아이 해-버 퓌-버-

오래 걸으면 무릎이 아파요.	**My knee hurts when I walk a lot.**
	마이 니이 허-츠 웬 아이 워억-커 랏-

자주 머리가 아프세요?	**How often do you have headaches?**
	하우 오-픈 드유- 햅 헤-데익스

전에도 이런 증상이 있었어요?	**Have you had this before?**
	해-뷰 햇 디스 비풔어-

기침에 잘 듣는 약을 처방해 드릴게요.	**I'm going to prescribe something for the cough.**
	아임 고우잉 트 프뤼스크라입 썸띵 포- 더 코-프

진통제를 처방해 드릴게요.	**I'll give you something for the pain.**
	아일 기뷰 썸띵 포- 더 페인

이 처방전을 약국에 가져가세요.	**Take this prescription to the pharmacy.**
	테익 디스 프뤼스크륍션 트 더 파-머씨

08 약국

이 아픈데 먹는 약 있어요?	**Do you have something for a toothache?** 드유- 햅- 썸띵 포 러 투쓰에익-
변비가 있어요.	**I am constipated.** 아이 앰 컨스트페이팃
아스피린 주세요.	**I'd like some aspirin.** 아이들 라익 썸 애-스프륀
모기 물린데 바르는 약 좀 있을까요.	**I was wondering if you stock something for mosquito bites.** 아이 워즈 워더-륑 이퓨 스타악 썸띵 포- 머스퀴-토우 바이츠
그거 어떻게 바르나요?	**How should I apply it?** 하우 슈다이 어플라이 잇
이 처방전대로 약을 지어 주시겠어요?	**Could you fill this prescription for me?** 크쥬- 퓔- 디스 프뤼스크륍션 포- 미
이 약이 지금 먹는 약에 영향을 미칠까요?	**Will it interact with my existing medications?** 윌 릿 인너뢕-트 윗 마이 이그지스팅 메디케이션즈
한 번에 몇 알을 먹어야 하죠?	**How many tablets should I take at a time?** 하우 메니 태-블러츠 슈-다이 테익 앳 어 타임

*PART 2 실전활용: **상황별 영어회화 표현***

식전에 먹어요, 식후에 먹어요?	**Before or after meals?** 비퓨-오- 애-프터- 미일즈
식후에 어른은 두 알, 아이는 한 알입니다.	**Two for adults and one for children, after each meal.** 투- 포- 어덜츠 앤 원 포- 췰드뤈 애-프터- 이-취 미일
라벨에 적혀 있는 지시에 따라 주세요.	**Please follow the directions on the label.** 플리이즈 퓔-로우 더 드뤡션즈 온 더 레이블
혹시 알레르기 있으세요?	**Do you have any allergies?** 드유- 햅- 에니 앨-러쥐-스
지금까진 없었어요.	**Not that I know of.** 낫 댓 아이 노우-오브
저는 페니실린 알레르기가 있어요.	**I'm allergic to penicillin.** 아임 얼러-쥑 트 페니쓸른
약이 효과가 없으면 어떻게 해야 되죠?	**What should I do if the medication doesn't help?** 왓 슈다이 두 이프 더 메리케이션 더즌 헬프

LET'S TALK!

현장에서 원어민과 대화한다고 생각하고 말하기 연습을 해 보세요. 먼저 전체 대화 내용을 듣고, 신호음이 들리면 앞에 나온 표현을 그대로 이용하거나 응용해서 우리말 부분을 영어로 말해 보세요.

SCENE 01   호텔에서 물건을 분실했을 때

🙍 숄더백을 잃어버렸어요.

👨 Where did you lose it?

🙍 로비에 있는 의자 위에 놔뒀었는데요.

👨 What color is your bag?

🙍 It's dark green.

👨 Did you lose it this afternoon?

🙍 네, 바로 10분 전쯤이에요.

👨 (holding up a bag) Is this your bag?

🙍 Yes, it's mine. Thank you.

해석　스크립트

W: I lost my shoulder bag. | M: 어디서 분실하셨어요? | W: I left it on a chair in the lobby. | M: 가방이 무슨 색이죠? | W: 짙은 녹색이에요. | M: 오늘 오후에 분실하셨어요? | W: Yes, just about 10 minutes ago. | M: (가방을 들어올리며) 이게 손님 가방인가요? | W: 네, 제 가방이에요. 고마워요.

SCENE 02   상점에 소지품을 두고 나왔을 때

👨 오늘 아침에 그쪽 가게에 검정색 지갑을 두고 나왔는데요.

🙍 Could you tell me your name?

👨 My name is Nam-su Lee.

🙍 May I ask what you had in your wallet?

👨 신용카드하고 50달러쯤 들어 있었어요.

*PART 2 실전활용: **상황별 영어회화 표현***

🧑‍🦰 Oh, yes, Mr. Lee. We have your wallet.

👨 1시간 후에 그쪽으로 갈게요.

🧑‍🦰 We'll be waiting for you.

> **해석 스크립트**
>
> M: I left a black wallet in your store this morning. | W: 성함을 알려 주시겠어요? | M: 이남수입니다. | W: 지갑에 뭐가 들었는지 물어봐도 될까요? | M: I had credit cards and about 50 dollars. | W: 네, 맞습니다, 이 선생님. 손님 지갑은 저희가 보관하고 있습니다. | M: I'll be there in an hour. | W: 기다리고 있겠습니다.

SCENE 03 mp3 271
분실물취급소에서

👩 서류 가방을 분실했어요.

👨 Where did you lose it?

👩 On Platform 1.

👨 What does your briefcase look like?

👩 이 정도 크기이고 갈색이에요.

👨 What did you have in it?

👩 여행자 수표, 신용카드, 여권과 서류가 들어 있어요.

👨 Really? Please fill out this form. We'll inform you if we find it. You need to inform your embassy, credit card companies, and banks about the loss.

👩 Thank you. I will.

> **해석 스크립트**
>
> W: I lost my briefcase. | M: 어디서 분실하셨어요? | W: 1번 플랫폼에서요. | M: 어떻게 생긴 서류가방이죠? | W: It's this big and it's brown. | M: 가방 안에는 뭐가 들어 있었어요? | W: I had some traveler's checks, credit cards, my passport, and some papers. | M: 그렇습니까? 이 용지에 기입해 주세요. 찾으면 알려 드릴게요. 대사관, 신용카드 회사, 은행에 분실한 사실을 알리셔야 해요. | W: 고맙습니다. 그럴게요.

SCENE 04 — 경찰서에서

🙍‍♀️ 소매치기 당했어요.

🙍‍♂️ What was stolen?

🙍‍♀️ 지갑이에요. 현금과 여행자 수표가 들어 있어요. 그리고 신용카드, 보험증과 운전면허증도 들어 있어요.

🙍‍♂️ OK. Let me ask you some questions.

🙍‍♀️ 신용카드 때문에 경찰 신고서 사본이 필요해요.

🙍‍♂️ All right. After I finish this form, you'll get a copy.

🙍‍♀️ Thank you.

해석 스크립트

W: My pocket was picked. | M: 도둑맞은 게 뭐죠? | W: My wallet. I had some cash and traveler's checks. I also had credit cards, insurance cards, and my driver's license. | M: 알겠습니다. 몇 가지 물어 볼게요. | W: I need a copy of your report for my credit cards. | M: 알겠습니다. 이 서류를 작성한 다음 사본을 드릴게요. | W: 고맙습니다.

SCENE 05 — 신용카드를 재발급 받을 때

🙍‍♂️ 소매치기 당해서 신용카드를 도둑맞았어요.

🙍‍♀️ May I have your name, credit card number, and the expiration date?

🙍‍♂️ 제 이름은 이만수이고요, 신용카드 번호는 4980 0300 2485 7561입니다. 유효기간은 2016년 1월까지입니다.

🙍‍♀️ When did you use it last?

🙍‍♂️ I used it this morning at the South Coast Plaza.

🙍‍♀️ All right. I'll put a stop on your card and reissue it. You can pick it up at our counter at the airport. Don't forget to report this to the police.

🙍‍♂️ Thank you. I will.

해석 스크립트

M: My pocket was picked, and my credit card was stolen. | W: 이름, 신용카드 번호와 유효기한을 불러 주시겠어요? | M: My name is Man-su Lee, my credit number is 4980 0300 2485 7561. The expiration date is January 2016. | W: 마지막으로 언제 사용하셨어요? | M: 오늘 오전에 사우스 코스트 플라자에서 사용했어요. | W: 알겠습니다. 카드를 정지시키고 재발행해 드릴게요. 공항에 있는 저희 회사 창구에서 받으시면 됩니다. 이 사건을 경찰에 신고하셔야 해요. | M: 고맙습니다. 그렇게 할 게요.

SCENE 06 : 호텔에서 몸이 안 좋을 때

- 의사 좀 불러 주시겠어요?
- What's the matter?
- 열이 많이 나고 속이 울렁거려요.
- Did you throw up?
- No, but I feel like I will.
- All right. I'll send a doctor to your room as soon as possible.
- Thank you.

해석 스크립트

M: Would you call a doctor for me? | W: 어디가 안 좋으세요? | M: I have a high fever, and I feel nauseated. | W: 토하셨어요? | M: 그렇진 않은데 넘어올 것 같아요. | W: 알겠습니다. 되도록 빨리 방으로 의사를 보내드릴게요. | M: 고맙습니다.

SCENE 07 : 부상을 당했을 때

- What's wrong?
- 발을 다쳤어요. 피가 나요.
- Shall I call an ambulance?
- 택시를 잡아주시면 응급실까지 갈 수 있을 것 같아요.

> **해석 스크립트**
>
> M: 어떻게 된 거예요? | W: I've injured my foot. It's bleeding. | M: 구급차를 부를까요? | W: If you could get a taxi, I think I can go to the emergency room.

SCENE 08 mp3 276 치과를 예약할 때

🙍 이가 아파요.

🙎 Really? Do you need to see a dentist?

🙍 치과를 소개해 줄래요?

🙎 Yes, his office is close by. Why don't I call him to make an appointment?

🙍 그렇게 해주시면 고맙죠.

> **해석 스크립트**
>
> W: I have a toothache. | M: 그래요? 치과의사 진찰을 받으셔야겠어요? | W: Can you recommend one? | M: 네, 이 근처에 있어요. 치과에 전화해서 예약해 드릴까요? | W: I'd appreciate that.

SCENE 09 mp3 277 병원에서

🙎 안녕하세요. 2시에 카터 선생님과 예약을 했어요.

🙍 Yes, you're Mr. Park?

🙎 Yes.

🙍 Do you have insurance?

🙎 네, 여기 제 보험증입니다.

🙍 Who shall we contact in case of emergency?

🙎 파인가 102번지의 모건 부인입니다.

🙍 What's her phone number?

🙎 It's 555-9463.

PART 2 실전활용: **상황별 영어회화 표현**

해석 스크립트

M: Hello, I have an appointment with Dr. Carter at 2 o'clock. | W: 네, 박 선생님이세요? | M: 네. | W: 보험증을 갖고 계세요? | M: Yes, here's the card. | W: 위급한 경우에 누구에게 연락할까요? | M: Mrs. Morgan at 102 Pine Street. | W: 그녀의 전화번호가 어떻게 되죠? | M: 555-9463입니다.

SCENE 10 증상을 설명할 때

- What can I do for you this morning?
- 감기에 걸렸나 봐요. 계속 기침이 나고 콧물이 나와요.
- How long have you had these symptoms?
- 한 이틀 됐어요.
- Do you have aching muscles as well?
- Yes.

해석 스크립트

M: 오늘 아침은 무슨 일이세요? | W: I think I have a cold. I've been coughing, and my nose is running. | M: 그런 증상이 얼마나 됐어요? | W: About two days. | M: 근육통도 있어요? | W: 네.

SCENE 11 치료를 상담할 때

- I'll give you a prescription for pain medication. You should take this as needed.
- OK.
- Do you have any allergies?
- 지금까진 없었어요. 학교에 가지 말고 집에 있어야 하나요?
- Yes, you should stay off your feet as much as possible for a week.
- All right.
- If you're still having problems, come back and see me then.

> 해석 스크립트

M: 진통제를 처방해 드릴게요. 필요하실 때 복용하세요. | W: 네. | M: 알레르기는 없으세요? | W: Not that I know of. Should I stay home from school? | M: 네, 가능하면 일주일 동안은 발을 쓰지 마세요. | W: 알겠습니다. | M: 그래도 계속 아프시면 그때 다시 오세요.

SCENE 12 약국에서

🧑 감기에 먹는 약 없나요?

👩 What symptoms do you have?

🧑 열이 좀 있고 기침이 나요.

👩 All right. How about this?

🧑 How much is it?

👩 It's 11 dollars and 34 cents.

🧑 좋아요. 그걸 주세요.

> 해석 스크립트

M: Do you have anything for a cold? | W: 증상이 어떠세요? | M: I have a little fever and a cough. | W: 알겠습니다. 이건 어때요? | M: 얼마죠? | W: 11달러 34센트입니다. | M: OK. I'll take it.

PART 2 실전활용: **상황별 영어회화 표현**